MY EVERYDAY REPERTOIRE

Aprende inglés leyendo, escuchando Y practicando: más de 100 historias en inglés con una lista de vocabulario traducida al español.

¡Importante! para descargar archivos de audio. Por favor, Siga este enlace. myeverydayrepertoire.com

Copyright

Title book: Aprenda inglés leyendo y escuchando: más de 100 historias en inglés con una lista de vocabulario traducida al español.Author book: fill in the author name

© 2021, Samy Delponse

Self published

Myeverydayrepertoire.com

ALL RIGHTS RESERVED. This book contains material protected under International and Federal Copyright Laws and Treaties. Any unauthorized reprint or use of this material is prohibited. No part of this book may be reproduced or transmitted in any form or by any means, electronic or mechanical, including photocopying, recording, or by any information storage and retrieval system without express written permission from the author / publisher

¡Importante! para descargar archivos de audio. Por favor, Siga este enlace. myeverydayrepertoire.com

CITAS DE APRENDIZAJE DE INGLÉS

La mejor manera de predecir el futuro es crearlo.
- **Abraham Lincoln**

Aprender no es un deporte de espectadores.
- **D. Blocher**

El secreto para salir adelante es empezar.
- **Mark Twain**

Al no prepararse, usted se está preparando para fallar.
- **Benjamin Franklin**

El lenguaje es "el uso infinito de medios finitos".
- **Wilhelm von Humboldt**

¿No es agradable aprender y practicar lo que aprendes?
- **Confucio**

¡Importante! para descargar archivos de audio. Por favor, Siga este enlace. myeverydayrepertoire.com

Special Thanks

To

Madeleine Saintelus

Wise Junior

John kely Severe

Nolson Louis

Doreliant Widner

Robinio Savio Macenat

My Siblings Zaro and

Dashna delponse

All my students around the world

to the people who supported or inspired me in many different ways .

¡Importante! para descargar archivos de audio. Por favor, Siga este enlace. myeverydayrepertoire.com

Table of contents

INTRODUCTION

- **CHAPTER 1   SCHOOL**
    1.1 Jessica's first day of school
    1.2 Summer vacation
    1.3 School
    1.4 Subjects
    1.5 International Students
    1.6 classroom
    1.7 The School Play
    1.8 My first Day of school
    1.9 Homework
    1.10 The Library
- **CHAPTER 2   SEASON**
    2.1 First snow fall
    2.2 the easter egg hunt
    2.3 Cleaning Up Leaves
    2.4 Seasons
    2.5 Weather
    2.6 autumn
    2.7 Winter
    2.8 Spring
- **CHAPTER 3   PEOPLE**
    3.1 Differences
    3.2 AMY
    3.3 manners
    3.4 THE TWO SEXES
    3.5 ME
    3.6 Making friends
- **CHAPTER 4   FAMILY**
    4.1 my family
    4.2 A baby
    4.3 A Wedding
    4.4 My Dad
    4.5 My Mother

¡Importante! para descargar archivos de audio. Por favor, Siga este enlace. myeverydayrepertoire.com

- 4.6 Susan's wedding Day
- 4.7 Getting Old

- **CHAPTER 5   INTERESTS & HOBBIES**
  - 5.1 Mark's big Game
  - 5.2 Interests And Hobbies
  - 5.3 Movies
  - 5.4 Travel
  - 5.5 Hobbies
  - 5.6 Television
  - 5.7 The Museum

- **CHAPTER 6   HOUSE**
  - 6.1 My House
  - 6.2 My flower Garden
  - 6.3 Housework
  - 6.4 House
  - 6.5 The farm
  - 6.6 The Kitchen
  - 6.7 My house (I live in a tw...)
  - 6.8 Garden
  - 6.9 Roommate Wanted
  - 6.10 The bathroom
  - 6.11 the bedroom
  - 6.12 places to live

- **CHAPTER 7   TIME**
  - 7.1 Daily Schedule
  - 7.2 Months
  - 7.3 Days of the week
  - 7.4 Time
  - 7.5 Memories

- **CHAPTER 8   PARTIES**
  - 8.1 Remembrance day
  - 8.2 Halloween Night
  - 8.3 Christmas Eve
  - 8.4 Holidays
  - 8.5 Parties
  - 8.6 The Birth day party
  - 8.7 Christmas

CHAPTER 9   ANIMALS
- 9.1 My first pet

¡Importante! para descargar archivos de audio. Por favor, Siga este enlace. myeverydayrepertoire.com

9.2 Pets
9.3 Wild Animals
9.4 Bugs
9.5 The Pet Store
9.6 The Zoo
9.7 A surprise

CHAPTER 10 JOB
10.1 Jennifer the firefighter
10.2 Jobs
10.3 the office
10.4 The Doctor
10.5 The Dentist
10.6 My First Job
10.7 The Police
10.8 Whe I Grow Up

CHAPTER 11 FOOD
11.1 Meals
11.2 Fruit
11.3 Vegetables
11.4 Grocery Shopping
11.5 the Restaurant
11.6 Food

CHAPTER 12 COLOR
12.1 Favorite Colors
12.2 Flowers
12.3 Colors

CHAPTER 13 EVERY DAY
13.1 My body
13.2 Clothing
13.3 Describing Things
13.4 The Shopping Mall
13.5 Transportation
13.6 Who what where and why
13.7 Which direction
13.8 Emotions
13.9 The Lie
13.10 My Country
13.11 Opposites

¡Importante! para descargar archivos de audio. Por favor, Siga este enlace. myeverydayrepertoire.com

INTRODUCCIÓN

My Everyday Repertoire (MER) está dirigido a distintos niveles para una lección de segundo idioma o lengua extranjera en inglés. Está diseñado para satisfacer las necesidades del principiante en términos de vocabulario, comprensión auditiva y pronunciación. Ofrece una gran práctica en cada una de estas áreas. En cada lección, se utilizan importantes estructuras gramaticales y vocabulario. Los textos que encontrará en este directorio son realistas y prácticos, y las situaciones en cada uno de sus trece capítulos proporcionan un contexto cultural que será reconocible y relevante.

MER consta de dos partes: los textos y la sección de "descripción general del vocabulario". Si realmente desea mejorar su idioma inglés de una manera nueva, ahora ha encontrado la correcta. MER es práctico y fácil de usar.

PRIMERA PARTE

Vocabulary overview: las palabras o estructuras idiomáticas relacionados con el tema o el tema de cada lección se incluyen en la sección de descripción general del vocabulario. Esta sección presenta los vocabularios en serie y permite al alumno aplicar el vocabulario y las estructuras idiomáticas donde se definen (explican). El alumno debe poder comprender sus significados.

SEGUNDA PARTE

Los textos: MER se divide en trece Capítulo que abarca una gama de temas que van desde la escuela y la familia, el hogar, el empleo, los intereses y el ocio y los animales.... Cada capítulo ofrece un vocabulario esencial relacionado con su tema, así como importantes verbos y expresiones idiomáticas que son generalmente difíciles para los estudiantes principiantes. A lo largo de cada Capítulo, los estudiantes tienen la oportunidad de ser alumnos muy activos y comprometidos. Es posible pasar a través del siguiente en orden aleatorio. Cada capítulo es casi independiente.

¿Para quién es este libro?

¡Importante! para descargar archivos de audio. Por favor, Siga este enlace. myeverydayrepertoire.com

- **My everyday répertoire** se puede utilizar para cursos en tres niveles distintos, principiante, elemental e intermedio. Porque los textos y los métodos apuntan a estos niveles. Los materiales de este paquete están especialmente dirigidos a profesores que tienen pocos recursos o que quieren que sus alumnos dominen mejor el inglés.

Principiante: estudiantes sin conocimientos de inglés o incluso del alfabeto. Estudiantes que están comenzando a formar oraciones básicas y que usan el inglés solo para necesidades comunicativas básicas como (pedir un objeto, disculparse, saludar, etc.)

Elemental: estudiantes que mejoran rápidamente y aprenden más vocabulario semana a semana y son capaces de hacer oraciones simples. Pueden intentar hacer oraciones complejas, pero aun así cometen muchos errores en todas las áreas del lenguaje.

Intermedio - Estos estudiantes han superado todas las dificultades básicas de aprendizaje del idioma inglés y están comenzando a desarrollar habilidades de lectura, escritura y expresión oral experimentando con vocabulario más difícil y oraciones más largas y complejas. Los errores ocurren, pero con menos frecuencia que en el nivel elemental, y los estudiantes pueden interactuar con confianza en inglés en una amplia gama de situaciones sociales.

¿Por qué MER?

Apostamos a que tiene muchas ganas de hablar inglés. Quiere mejorar, hablar inglés de forma automática y fluida, ¿no es así? Bueno, queremos preguntarle sobre las habilidades de inglés más importantes que conoce. ¿Qué habilidades conoce? ¿Qué habilidad necesita tener para hablar bien? ¿Qué tan bueno quiere ser en inglés?

Hablar inglés con fluidez es el objetivo más importante. La investigación lo explica claramente. Solo hay una forma de demostrar fluidez en el lenguaje. No dominas el idioma leyendo libros de texto. No obtienes fluidez yendo a la escuela de inglés (solamente). El dominio no se obtiene al estudiar las reglas de la gramática.

Para lograr la fluidez en inglés, debes tener mucha comprensión auditiva repetitiva. Esta es la única forma de ser un hablante de inglés fantástico. No

¡Importante! para descargar archivos de audio. Por favor, Siga este enlace. myeverydayrepertoire.com

solo debes aprender inglés con tus ojos, sino también con tus oídos. En otras palabras, tienes que escuchar. Escuche más inglés, escuchar en el aprendizaje de idiomas es la clave para un gran discurso. La mejor escucha debe ser comprensible y repetitiva. Ambas son importantes. Si no entiendes, no aprendes nada, no lo mejorarás. Es por eso que escuchar la televisión en inglés no te ayuda. No comprende la mayor parte de lo que está escuchando. Es demasiado difícil, es demasiado rápido. El mejor equipo de escucha debería ser sencillo. En su mayoría, debería escuchar inglés fácil. No escuches inglés difícil porque no lo entenderás y aprenderás lentamente. Escuche un inglés más fácil y su expresión mejorará más rápido. Para ayudarlo a practicar estas cosas, ¡tenemos el honor de presentarle este libro!

¿Cómo utilizarlo? Al usar nuestro método, la comprensión no será suficiente, también debes tener muchas repeticiones. Si escuchas una palabra nueva solo una vez, pronto la olvidarás. Cinco veces siempre lo olvidarás. Las palabras nuevas y la gramática nueva deben escucharse varias veces antes de comprenderlas instantáneamente. La mayoría de la gente tiene que escuchar una palabra nueva 30 veces para recordarla para siempre. Para saber una palabra nueva, hay que escucharla mucho (de 50 a 100 veces). Tienes que Leer y escuchar cada uno de nuestros textos varias veces, por eso lo llamamos (My Everyday Repertoire - Mi repertorio diario), todos los días. Le recomendamos que escuche cada lección al menos 30 veces. Por ejemplo, 3 veces al día durante dos semanas. Por cierto, los dos puntos más importantes son: escuchar un inglés más fácil y escuchar cada uno de sus textos una y otra vez.

La expresión **"Emphasis Listening"** significa que estás escuchando muchas cosas sobre el mismo tema. Es un método más poderoso que intentar escuchar muchos tipos de cosas. Cuando el alumno escucha cosas similares, aprende más rápido y habla mejor que los alumnos que escuchan diferentes tipos de cosas. Por ejemplo, puede elegir un tema en el libro y encontrar muchas cosas allí. Todos los hablantes tienen vocabulario y gramática preferidos. A menudo lo repiten varias veces. Al escuchar o leer muchas cosas de la misma persona, automáticamente obtienes muchas repeticiones de vocabulario. ¡Aprenderás cada vez más rápido!

Al compartir su tiempo a lo largo del día, podrá recordar más y aprender más rápido. Por lo tanto, es mejor escuchar durante 30 minutos por la mañana. Luego 30 minutos en el coche ... Escuchar y leer son muy poderosos. Mientras ¡Importante! para descargar archivos de audio. Por favor, Siga este enlace. myeverydayrepertoire.com escuchas algo, también estás leyendo. Esto mejorará tu pronunciación. Leer mientras escucha también le ayuda a comprender material más difícil. Lea y escuche para aprender más rápido. Después de haber hecho esto varias veces, deje el texto a un lado y escuche. Comprenderás mucho más y mejorarás más rápido.

Antes de ir mas lejos

Déjame hacerte una pregunta extraña, ¿cuál es la conexión entre aprender inglés y aprender a andar en bicicleta? ¿Recuerdas cómo aprendiste a andar en bicicleta? Piénsalo por un minuto. ¿Recuerdas haber ido a la escuela de bicicletas? ¿Recuerdas todos esos manuales de bicicleta? ¿Recuerdas todas las reglas del ciclismo que estudias una y otra vez? No lo recuerdas, ¿verdad? Nadie aprendió a andar en bicicleta estudiando. Se aprende haciendo lo. Te caes y vuelves a intentarlo. Cada vez que te caes, ganas confianza. Su equilibrio mejora y día a día se vuelve más seguro y eficiente hasta que un día montar en bicicleta se vuelve fácil. Aprenderás haciendo, practicando y el inglés es de la misma manera. ¿Qué haces para hablar con fluidez? ¿Qué estás haciendo para entender mejor el inglés rápido? ¿Qué estás haciendo para hablar con más confianza?

Actuar es la clave para un inglés exitoso. Si quieres convertirte en un mejor locutor, tienes que hablar más. Y si quieres escuchar mejor, tienes que escuchar más. Esto es algo que incluso muchos profesores desconocen. Quieren que aprendas memorizando, quieren que aprendas estudiando las reglas de la gramática. Y es ideal para principiantes, pero ¿qué pasa si no eres un principiante?

Los estudiantes que tienen éxito en hablar con fluidez saben que no se domina el idioma al estudiar, sino al hablar. Esto significa utilizar el inglés. El uso del inglés amplía la experiencia y esta experiencia te convierte en un mejor hablante de inglés. Ahora queremos que tengas claro lo que aprenderás y quieres aprender con los textos que se encuentran en este libro. Con My Everyday Repertoire (MER) entrenarás tus oídos con una escucha lenta y activa, mejorarás tus discusiones con lecciones de conversación activa. Aprenderás gramática con nuestra gramática inconscientemente, usarás gramática sin estudiar gramática. Si quieres mejorar tu escritura, estás en el lugar equivocado. No nos enfocamos en escribir, nos enfocamos en escuchar y hablar, porque la acción enfocada es la forma más rápida de recuperar la fluidez. My Everyday Répertoire lo guiará para tomar acciones específicas que

¡Importante! para descargar archivos de audio. Por favor, Siga este enlace. myeverydayrepertoire.com

produzcan resultados. Practicar tu inglés sin pareja es un gran problema. My Everyday Répertoire tiene la Respuesta, con lecciones de conversación activa, puede mejorar su habilidad para hablar incluso cuando está solo. Aumentar su tiempo actual de conversación es la única forma de mejorar su comprensión y sus habilidades auditivas. Debido a que puede poner estas lecciones en su computadora y reproductor de mp3, puede mejorar su escucha y conversación en cualquier lugar y en cualquier momento. Cuando limpias la casa. Cuando cocinas, cuando haces ejercicio. Mientras conduce al trabajo. Con las lecciones de audio en mp3, encontrar tiempo para practicar y tomar medidas en cuanto a sus objetivos de inglés es tan fácil como uno, dos, tres. Presiona play, escucha y habla. Es muy facil. hay más de 100 lecciones de escucha y discusión.

Encontrará el audio de cada texto. En **Myeverydayrepertoire.com** puede descargarlos o escucharlos en bucle mientras navega por el libro.

SCAN ME

Listen to Audio files Here!

¡Importante! para descargar archivos de audio. Por favor, Siga este enlace. myeverydayrepertoire.com

Descargue la aplicación desde Apple App Store o Google Play Store **My thinkific**

Una vez que haya descargado la aplicación, simplemente inicie sesión con sus credenciales existentes.

Cómo iniciar sesión en la aplicación móvil

Cómo conectarse sin compartir enlace o código QR

Si no puede encontrar el enlace, debe comunicarse con su instructor. También pueden confirmar si la aplicación móvil está habilitada en su sitio.

Sin embargo, si ha perdido el enlace o no puede usar el código QR, ¡también puede buscar su escuela directamente en la aplicación! Para hacer esto :

1. Descargue e instale la aplicación móvil Thinkific desde Apple App Store (para iOS) o Google Play Store (para Android)

2. Abra la aplicación en su dispositivo

3. En la barra de búsqueda, inserte Mi Directorio para conectarse

4. Haga clic en entrar

¡Importante! para descargar archivos de audio. Por favor, Siga este enlace. myeverydayrepertoire.com

5. En la lista de resultados, busque la escuela a la que desea conectarse
asegúrese de confirmar que la URL de la escuela a la que se está conectando coincide con la URL de su escuela.

6. Seleccionar escuela

7. La pantalla de inicio de sesión de su sitio se abrirá en un navegador, inicie sesión con sus credenciales o una opción de inicio de sesión de redes sociales que utilizó para crear su cuenta (Facebook, Google, LinkedIn, Apple)

Si utiliza un método de inicio de sesión diferente al que utilizó al crear una cuenta, es posible que no vea sus cursos o comunidades. Por ejemplo, si creó su cuenta usando el correo electrónico, pero inicia sesión usando Apple SSO con su correo electrónico oculto, crea una nueva cuenta en lugar de acceder a su cuenta original.

8. Será redirigido automáticamente a la aplicación si la conexión es exitosa

¡Importante! para descargar archivos de audio. Por favor, Siga este enlace. myeverydayrepertoire.com

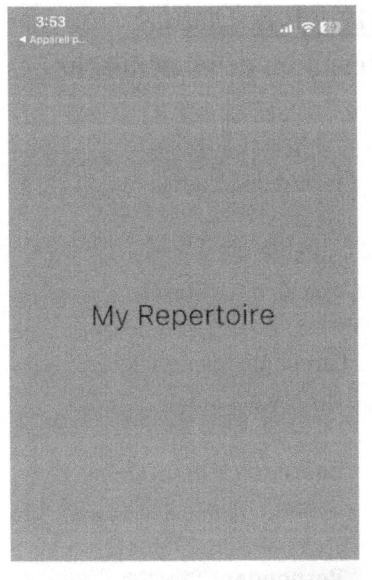

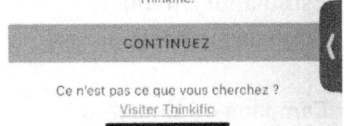

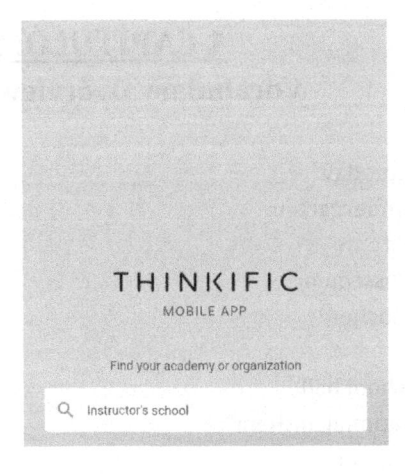

¡Importante! para descargar archivos de audio. Por favor, Siga este enlace. myeverydayrepertoire.com

1 CAPÍTULO: SCHOOL *ESCUELA*
Vocabulary Overview : Resumen de vocabulario

First day	Primer día
Kindergarten	jardín de infancia
Parents	Padres
Classroom	Aula
Teacher	Maestro /profesor
School bell	Campana de la escuela
National anthem	Himno nacional
Call out	Llamar
To teach	Enseñar
To Yell	Gritar
Yell back	Responder
Recess	Receso
Student	Estudiante /Alumno
Gym class	Clase de gimnasia
Lunch bell	Campana de almuerzo
Lunch	Almuerzo
Bell	Campana
Vacation	Vacaciones
Last day	Último día
Summer	Verano
Summer vacation	Vacación de verano
Summer camp	Campamento de verano
Cabin	Cabaña
Friend	Amigo
Camp	Campo
Elementary school	Elementary

¡Importante! para descargar archivos de audio. Por favor, Siga este enlace. myeverydayrepertoire.com

Playground	Escuela primaria
	Elemental
Black boards	El patio de juego
Children	
Principal	Pizarrones negros
Office	Niños
High school	Principal /Director
Teenagers	Oficina
	Escuela secundaria
Football field	Adolescentes
Cafeteria	
Gymnasium	Campo de fútbol
University	Cafetería
	Gymnasium
Freshman	Universidad
Sophomore	
	Estudiante de primer año
Junior	Estudiante de segundo año
Senior	
	Estudiante en tercero año
Theater	Estudiante graduado
Swimming pool	
Parking lot	Teatro
Campus	Piscina
	Estacionamiento
Residence	Campus
Subject	
Favorite subject	Residencia
Literature	Asunto/ materia
Experiments	Asunto favorito
International students	Literatura
	Experimentos
	Estudiantes internacionales

¡Importante! para descargar archivos de audio. Por favor, Siga este enlace. myeverydayrepertoire.com

Go sightseeing	Hacer turismo
Room	habitación
Chalk	Tiza
Desk	Escritorio
Bookcase	Librería
Table	Mesa
School play	la obra de la escuela
Actor	Actor
To play	Actuar (jugar)
Costume	Disfraz
Curtain	Cortina
Clap	Aplaudir
Make-up artist	Artista de maquillaje
Witch	Bruja
Broom	Escoba
Act	Acto (en teatro)
Playground	Patio de recreo
Toy	Juguete
Truck	Camión
Toy truck	Camión de juguete
Doll house	Casa de muñecas
Homework	Tarea
Read	Leer
Chapter	Capítulo
Lab	Laboratorio
Library	Biblioteca
Books	Libros
Mystery	Novela policial (Misterio)
Atlas	Atlas
Librarian	Bibliotecario
Computer	Computadora

¡Importante! para descargar archivos de audio. Por favor, Siga este enlace. myeverydayrepertoire.com

1.1 **Jessica's first day of school**
El primer día de kindergarten de Jessica.

Today is Jessica's first day of kindergarten.	Hoy es el primer día de kindergarten de Jessica.
Jessica and her parents walk to school.	Jessica y sus padres caminan a la escuela.
Jessica's Mom walks with her to her classroom.	La mamá de Jessica la acompaña a su salón de clases.
Jessica meets her teacher.	Jessica conoce a su maestro.
His name is Mr. Parker.	Su nombre es Sr. Parker.
The school bell rings at 8.45 A.M.	La campana de la escuela suena a las 8.45 A.M.
Jessica hugs and kisses her Mom goodbye.	Jessica abraza y besa a su mamá para despedirse.
Jessica's Mom says **"I love you."**	La mamá de Jessica dice "Te amo".
At 9.00 A.M., Jessica stands for the National anthem.	A las 9:00 a.m., Jessica canta el himno nacional.
Mr. Parker calls out children's names.	El Sr. Parker pasa la lista.
Each child yells back **"Here."**	Cada niño grita "Aquí".
Mr. Parker teaches them about letters.	El Sr. Parker les enseña sobre letras.
Mr. Parker teaches them about numbers.	El Sr. Parker les enseña sobre números.
At 10:15 A.M. the students have recess.	A las 10:15 a.m. los estudiantes tienen recreo.
Recess is fun.	El recreo es divertido.

¡Importante! para descargar archivos de audio. Por favor, Siga este enlace. myeverydayrepertoire.com

The students get to play and eat.	Los estudiantes pueden jugar y comer.
At 10:30 A.M. the students go to gym class.	A las 10:30 a.m. los estudiantes van a la clase de gimnasia.
At 11:15 A.M. the students return to Mr. Parker's classroom.	A las 11:15 a.m. los estudiantes regresan al salón de clases del Sr. Parker.
Mr. Parker tells the students to sit on the carpet.	El Sr. Parker les dice a los estudiantes que se sienten en la alfombra.
Mr. Parker reads the students a story.	El Sr. Parker les lee una historia a los estudiantes.
Mr. Parker teaches the students a song.	El Sr. Parker les enseña a los estudiantes una canción.
The lunch bell rings.	Suena la campana del almuerzo.
Jessica's first day of school is over.	El primer día de clases de Jessica ha terminado.

¡Importante! para descargar archivos de audio. Por favor, Siga este enlace. myeverydayrepertoire.com

1.2 Summer vacation - *Vacaciones de verano*

Today is the last day of school.	*Hoy es el último día de clases.*
It is summer vacation.	*Son las vacaciones de verano.*
Grace is very excited.	*Grace está muy emocionada.*
This summer will be fun.	*Este verano será divertido.*
Grace is going to visit her Grandparents.	*Grace va a visitar a sus abuelos.*
They have a cottage.	*Tienen una cabaña.*
The cottage is on Lake Erie.	*La cabaña está en Lake Erie.*
It is a lot of fun.	*Es muy divertido.*
Grace is going to swim.	*Grace va a nadar.*
She is going to play **board games**.	*Ella va a jugar **juegos de mesa**.*
She is going to talk with her grandparents.	*Ella va a hablar con sus **abuelos**.*
Grace is going to have fun.	*Grace se va a divertir.*
Grace is going to a **summer camp**.	*Grace va a un **campamento de verano**.*
She will sleep in a cabin.	*Dormirá en una cabaña.*
She will make lots of new friends.	*Hará muchos amigos nuevos.*
Grace will learn **campfire songs**.	*Grace aprenderá **canciones de fogatas**.*
Camp will be fun.	*El campamento será divertido.*
Grace is going to Cape Cod with her parents.	*Grace va a cape Cod con sus padres.*
We are going for two weeks.	*Nos vamos por dos semanas.*
We are going to drive.	*Vamos a conducir.*
Grace will see the ocean.	*Grace verá el océano.*
Cape Cod will be beautiful.	*Cape Cod será hermoso.*
Summer vacation is **fun**.	*Las vacaciones de verano son **divertidas**.*

¡Importante! para descargar archivos de audio. Por favor, Siga este enlace. myeverydayrepertoire.com

1.3   School- *Colegio*

There are different types of schools.	Hay diferentes tipos de escuelas.
There is an elementary school.	Hay una escuela primaria.
The children at the elementary school are young.	Los niños de la escuela primaria son pequeños.
There is a playground for them to play in.	Hay un parque infantil para que jueguen.
The classrooms are bright and airy.	Las aulas son amplias y luminosas.
There are blackboards in the classrooms.	Hay pizarrones en las aulas.
The children sit at desks to do their work.	Los niños se sientan en los escritorios para hacer su trabajo.
There is a parking lot for the teachers to park in.	Hay un estacionamiento para que los maestros se estacionen.
There is a cafeteria for the students to get food.	Hay una cafetería para que los estudiantes obtengan comida.
The principal has an office.	El director tiene una oficina.
Nobody wants to go to the principal's office.	Nadie quiere ir a la oficina del director.
It usually means that you are in trouble if you have to go to the principal's office.	Por lo general, significa que tiene problemas si tiene que ir a la oficina del director.
When you finish elementary school, you go to high school.	Cuando termines la escuela primaria, vas a la secundaria.
Most of the students in high school are teenagers.	La mayoría de los estudiantes de secundaria son adolescentes.
There is a parking lot outside the high school.	Hay un estacionamiento fuera de la escuela secundaria.

¡Importante! para descargar archivos de audio. Por favor, Siga este enlace. myeverydayrepertoire.com

There is also a football field outside.	También hay un campo de fútbol en el exterior.
The students go to classes in different classrooms.	Los estudiantes asisten a clases en diferentes aulas.
They move from classroom to classroom for each subject.	Se mueven de aula en aula para cada materia.
There is a cafeteria where they can get their lunches or eat the lunches that they have brought from home.	Hay una cafetería donde pueden conseguir sus almuerzos o comer los almuerzos que han traído de casa.
There is a gymnasium where students have physical education.	Hay un gimnasio donde los estudiantes tienen educación física.
Dances are also held in the gymnasium.	**Los bailes** también se llevan a cabo en el gimnasio.
Some students go on to university from high school.	Algunos estudiantes van a la universidad desde la escuela secundaria.
Students at the university are older.	Los estudiantes de la universidad son mayores.
Some of the students are even senior **citizens**.	Algunos de los estudiantes incluso son **personas mayores**.
People come from all over the world to attend the university.	Viene gente de todo el mundo para asistir a la universidad.
There are lots of different things at the university.	Hay muchas cosas diferentes en la universidad.
There is a theater where plays and concerts are held.	Hay un teatro donde se realizan obras de teatro y conciertos.
There is a bookstore where students can buy their textbooks.	Hay una librería donde los estudiantes pueden comprar sus libros de texto.
There is a physical education building that has a swimming pool in it.	Hay un edificio de educación física que tiene una piscina.

¡Importante! para descargar archivos de audio. Por favor, Siga este enlace. myeverydayrepertoire.com

El estacionamiento de la universidad es muy grande.	The parking lot at the university is very big.
Llaman al terreno en que está la universidad "**campus**".	They call the land that the university is on a **campus**.
Algunos de los estudiantes viven en el campus en residencias.	Some of the students live on campus in residences.

1.4   Subjects -Asignaturas

There are many subjects that you can take at school.	Hay muchas materias que puedes cursar en la escuela.
My favorite subject is music.	Mi Materia favorita es la música.
I like to sing and to play the clarinet.	Me gusta cantar y tocar el clarinete.
I also like art.	**También me gusta el arte.**
I am quite good at drawing and painting.	Soy bastante bueno dibujando y pintando.
History is a good subject.	La historia es un buen tema.
I like learning about the past.	Me gusta aprender sobre el pasado.
Geography is very interesting.	La geografía es muy interesante.
We look at many maps in geography.	Observamos muchos mapas de geografía.
We learn where there are deserts and mountains.	Aprendemos dónde hay desiertos y montañas.
I know the names of all the continents and all the oceans.	Conozco los nombres de todos los continentes y todos los océanos.
Mathematics is my least favorite subject.	La matemática es la asignatura que menos me gusta.
I am not very good with numbers.	No soy muy bueno con los números.

¡Importante! para descargar archivos de audio. Por favor, Siga este enlace. myeverydayrepertoire.com

I am good at addition and subtraction, but I am not good at division and multiplication.	Soy bueno en la suma y la resta, pero no soy bueno en la división y la multiplicación.
In my school we learn to speak French.	En mi escuela aprendemos a hablar Francés.
We learn French because Canada has French and English-speaking citizens.	Aprendemos Francés porque Canada tiene ciudadanos que hablan Francés e inglés.
English literature is a good subject.	La literatura inglés es un buen tema.
I enjoy reading books.	Disfruto leyendo libros.
I also like to write compositions and poetry.	También me gusta componer música y poesía.
Science is my brother's favorite subject.	La ciencia es la asignatura favorita de mi hermano.
He is interested in plants, and he likes to do experiments.	Le interesan las plantas y le gusta hacer experimentos.
We also take drama at my school.	También tomamos teatro en mi escuela.
I like to act.	**Me gusta actuar.**
I got the lead role in the school play.	Conseguí el papel principal en la obra de la escuela.

¡Importante! para descargar archivos de audio. Por favor, Siga este enlace. myeverydayrepertoire.com

1.5 International students
Estudiantes internacionales

We have many international students at my school.	Tenemos muchos estudiantes internacionales en mi escuela.
Some of the students come from England.	Algunos de los estudiantes proceden de Inglaterra.
They speak English, but they have an accent that is different from a Canadian accent.	Hablan inglés, pero tienen un acento diferente al acento Canadiense.
Many students are from Japan.	Muchos estudiantes son de Japón.
They are learning our language and our customs.	Están aprendiendo nuestro idioma y nuestras costumbres.
We have students from Germany, Italy, China, Korea and Iran.	Tenemos estudiantes de Alemania, Italia, China, Corea e Irán.
We try to make those students feel welcome here.	Intentamos que esos estudiantes se sientan bienvenidos aquí.
The students like to see what is here.	A los estudiantes les gusta ver lo que hay aquí.
They go sightseeing.	**Van de turismo.**
They visit all the places that the tourists like to go to.	Visitan todos los lugares a los que les gusta ir a los turistas.
Niagara Falls and Toronto are interesting places to visit.	Niagara Falls and Toronto son lugares interesantes para visitar.
The students practice their English by talking to Canadians.	Los estudiantes practican su ingles hablando con canadienses.
When they first get here, we show them around.	Cuando llegan por primera vez, les mostramos los alrededores.
They do many exercises to learn the language.	Hacen mucho esfuerzo para aprender el idioma.
They listen to English songs.	Escuchan canciones en inglés.

¡Importante! para descargar archivos de audio. Por favor, Siga este enlace. myeverydayrepertoire.com

They read story books that are written in English.	Leen libros de cuentos escritos en inglés.
They listen to English language tapes.	Escuchan cintas en inglés.
The best way to learn the language is to talk to other people.	La mejor forma de aprender el idioma es hablar con otras personas.
It is good to ask questions in English.	Es bueno hacer preguntas en inglés.
Canadians try to be helpful to international students.	Los canadienss intentan ayudar a los estudiantes internacionales.
Some of the international students live with host families.	Algunos de los estudiantes internacionales viven con familias anfitrionas.
The **host families** have the students living in their homes.	Las **familias anfitrionas** tienen a los estudiantes viviendo en sus casas.
It is a good way for the host families and the students to make friends.	Es una buena forma para que las familias anfitrionas y los estudiantes se hagan amigos.
Many of the international students stay in contact with their friends and host families even after they have gone back to their homelands.	Muchos de los estudiantes internacionales permanecen en contacto con sus amigos y familias anfitrionas incluso después de haber regresado a sus países de origen.
The international students learn a lot from their host families because they eat Canadian foods, and they learn what it is like to live in a Canadian household.	Los estudiantes internacionales aprenden mucho de sus familias anfitrionas porque comen alimentos canadienses y aprenden cómo es vivir en un hogar canadiénse.

¡Importante! para descargar archivos de audio. Por favor, Siga este enlace. myeverydayrepertoire.com

1.6 My classroom - Mi clase

My classroom is a large room.	Mi salón de clases es un salón grande.
It is full of brightly coloured pictures.	Está lleno de imágenes de colores brillantes.
My teacher hangs pictures up all over the walls.	Mi maestra cuelga cuadros por todas las paredes.
There are blackboards at the front of the room.	Hay pizarrones al frente de Mi salón de clases.
My teacher always has writing all over the blackboards.	Mi maestra siempre escribe en las pizarras.
Sometimes the chalk squeaks when she writes on the blackboard.	A veces, la tiza chirría cuando escribe en la pizarra.
We cover our ears when that happens.	Nos tapamos los oídos cuando eso sucede.
Our classroom is full of desks.	Nuestro salón de clases está lleno de escritorios.
There are a lot of students in our class.	Hay muchos estudiantes en nuestra clase.
Our desks are full of books, notebooks and pens.	Nuestros escritorios están llenos de libros, cuadernos y bolígrafos.
I try to keep my desk neat, but I have a lot of things in there.	Intento mantener mi escritorio ordenado, pero tengo muchas cosas ahí.
My ruler and pencils are always falling out of my desk.	Mi regla y mis lápices siempre se caen de mi escritorio.
At the back of the room is a bookcase full of books.	Al fondo del aula hay una estantería llena de libros.

¡Importante! para descargar archivos de audio. Por favor, Siga este enlace. myeverydayrepertoire.com

We can sign those books out and take them home to read.	Podemos firmar esos libros y llevarlos a casa para leer.
I have read a lot of the books.	He leído muchos libros.
I like mysteries and biographies, so I have taken many of those home.	Me gustan los de misterios y las biografías, así que me he llevado muchos de ellos a casa.
There are also tables at the back of the room.	También hay mesas en la parte trasera de la sala.
That is where we do our artwork.	Ahí es donde hacemos nuestra obra de arte.
We spread out big sheets of paper, and we use paints or crayons to make pictures.	Extendimos hojas grandes de papel y usamos pinturas o crayones para hacer dibujos.
Sometimes we cut things out of magazines with scissors and we glue pictures to the paper.	A veces recortamos cosas de revistas con unas tijeras y pegamos dibujos al papel.
I like art class.	**Me gusta la clase de arte.**
After school, my friends and I often erase the blackboards for the teacher.	Después de la escuela, mis amigos y yo a menudo borramos las pizarras para el maestro.
Then we take the erasers outside and clap them together to get the chalk dust out of them.	Luego sacamos los borradores al exterior y los juntamos para quitarles el polvo de tiza.
My friends and I walk home together and talk about what we did in school and what we're going to do after supper.	Mis amigos y yo caminamos juntos a casa y hablamos sobre lo que hicimos en la escuela y lo que haremos después de la cena.

¡Importante! para descargar archivos de audio. Por favor, Siga este enlace. myeverydayrepertoire.com

1.7   The School Play - La obra de teatro de la escuela

We are putting on a play at school.
Some of the students are actors in the play.
Some people are building the sets.
Some people will sew costumes, and some people will be makeup artists.
The teacher is the director of the play.
The play will be held on a big stage in the gymnasium.
The curtains will open, the lights will go on, and the play will begin.

It will be very exciting.
All of our families will come to see the play.
They will clap when the play is over.
My friend is very good at cutting wood and building things.
He is helping to build the set.

My other friend, Michael, is an artist, so he is painting the set so that it looks like a forest.

Estamos montando una obra de teatro en la escuela.
Algunos de los estudiantes son actores de la obra de teatro.
Algunas personas están construyendo los decorados.
Algunas personas coserán disfraces y otras serán maquilladores.
El maestro es el director de la obra de teatro.
La obra se llevará a cabo en un gran escenario en el gimnasio.
Se abrirán las cortinas, se encenderán las luces y comenzará la obra.

Será muy emocionante.
Todas nuestras familias vendrán a ver la obra.
Aplaudirán cuando termine la obra.
Mi amigo es muy bueno cortando madera y construyendo cosas.
Está ayudando a construir el decorado.

Mi otro amigo, Michael, es artista, por lo que está pintando el decorado para que parezca un bosque.

¡Importante! para descargar archivos de audio. Por favor, Siga este enlace. myeverydayrepertoire.com

My friend Marie likes to put makeup on people, so she is a makeup artist.	A mi amiga Maria le gusta maquillar a las personas, por eso es maquilladora.
She will put makeup on me so that I will look like an old woman.	Me maquillará para que parezca una anciana.
Some of the mothers helped to sew the costumes.	Algunas de las madres ayudaron a coser los disfraces.
The play is called **"Hansel and Gretel."**	La obra se llama **"Hansel y Gretel"**.
I will play the part of the witch.	Haré el papel de bruja.
The boy who plays Hansel has to wear shorts and a shirt.	El niño que interpreta a Hansel tiene que llevar pantalones cortos y camiseta.
I wear a witch's hat and a black dress.	Llevo un sombrero de bruja y un vestido negro.
I also carry a broom.	**También llevo una escoba.**
Some of the people in my class will be dressed like trees and flowers.	Algunas de las personas de mi clase estarán vestidas como árboles y flores.
This is a musical play, and the trees and flowers will sing to Hansel and Gretel as they walk through the forest.	Esta es una obra de teatro musical, y los árboles y las flores cantarán a Hansel y Gretel mientras caminan por el bosque.
I can hardly wait for opening night.	Casi no puedo esperar a la noche del estreno.
I want my family and friends to see me acting on stage.	Quiero que mi familia y amigos me vean actuar en el escenario.
I hope that they like the play.	Espero que les guste la obra.

¡Importante! para descargar archivos de audio. Por favor, Siga este enlace. myeverydayrepertoire.com

We have all learned our lines and worked very hard at making this play a success.	Todos hemos aprendido nuestras líneas y hemos trabajado muy duro para hacer de esta obra un éxito.

1.8   My First Day of School
Mi primer día de clases

I remember my first day of school.	**Recuerdo mi primer día de clases.**
I was excited, but I was afraid.	Estaba emocionado, pero tenía miedo.
I held my mother's hand as we walked to the school.	Tomé la mano de mi madre mientras caminábamos hacia la escuela.
When we got near the school, I wouldn't let her hold my hand anymore.	Cuando nos acercábamos a la escuela, no la dejaba tomar más mi mano.
I didn't want to look like a baby.	No quería parecer un bebé.
We got to the school.	**Llegamos a la escuela.**
The school looked very big and frightening.	La escuela se veía muy grande y aterradora.
There were children outside on the playground.	Había niños afuera en el patio de recreo.
They all looked very big.	Todos parecían muy grandes.
I looked at them, and some of them looked at me.	Los miré y algunos de ellos me miraron.
I felt very small.	**Me sentí muy pequeño.**

¡Importante! para descargar archivos de audio. Por favor, Siga este enlace. myeverydayrepertoire.com

My mother and I went into the school and found the kindergarten room.	Mi madre y yo fuimos a la escuela y encontramos el salón del jardín de infancia.
There were children in there.	Había niños ahí.
Most of them were the same size as me.	La mayoría de ellos eran del mismo tamaño que yo.
My mother spoke to the kindergarten teacher.	Mi madre habló con la maestra de jardín de infantes.
The teacher was very nice.	La profesora fue muy amable.
She said my name, and she introduced me to some of the other children.	Dijo mi nombre y me presentó a algunos de los otros niños.
I already knew some of the children because they lived near me.	Ya conocía a algunos de los niños porque vivían cerca de mí.
I began to play with some of the things that were in the classroom.	Empecé a jugar con algunas de las cosas que había en el aula.
There were toy trucks, coloring books, and even a doll house.	Había camiones de juguete, libros para colorear e incluso una casa de muñecas.
I soon forgot to be scared, and I began to play with the other children.	Pronto olvidé el miedo y comencé a jugar con los otros niños.
I didn't even notice that my mother had left the room.	Ni siquiera me di cuenta de que mi madre había salido del aula.
In school we sang songs, played some games and listened as the teacher read us a story.	En la escuela cantábamos canciones, jugamos algunos juegos y escuchábamos a la maestra leernos un cuento.
I had a lot of fun on my first day of school.	Me divertí mucho en mi primer día de clases.

¡Importante! para descargar archivos de audio. Por favor, Siga este enlace. myeverydayrepertoire.com

I even drew a picture of my teacher.
I took the picture home, and my mother put it on the refrigerator.
I like school.
It is a good place to meet new friends and learn all about the world.

Incluso hice un dibujo de mi maestra.
Me llevé la foto a casa y mi madre la puso en el refrigerador.
Me gusta la escuela.
Es un buen lugar para conocer nuevos amigos y aprender todo sobre el mundo.

1.9   Homework - Tarea

Sometimes, my teacher gives us homework.
I don't mind doing my homework except when the weather is really nice, and all my friends are outside.
On those nights, I'd rather be outside with them, so I try to get my homework done quickly.

Tonight, I have some English homework.
We have been reading a book.
We have to read a chapter of the book and answer the questions at the end of the chapter.

A veces, mi maestra nos da tarea.
No me importa hacer mi tarea, excepto cuando hace buen tiempo y todos mis amigos están afuera.
En esas noches, prefiero estar afuera con ellos, así que trato de hacer mi tarea rápidamente.

Esta noche, tengo algunos deberes de inglés.
Hemos estado leyendo un libro.
Tenemos que leer un capítulo del libro y responder las preguntas al final del capítulo.

¡Importante! para descargar archivos de audio. Por favor, Siga este enlace. myeverydayrepertoire.com

It is an interesting book, so the homework for this is quite easy.	Es un libro interesante, por lo que la tarea es bastante fácil.
My math homework is not so easy.	Mi tarea de matemática no es tan fácil.
I have to do some addition and subtraction.	Tengo que hacer algunas sumas y restas.
I don't mind that, but there are some problems that need to be solved.	No me importa eso, pero hay algunos problemas que deben resolverse.
The problems involve addition, subtraction and multiplication.	Los problemas involucran suma, resta y multiplicación.
I am not too good with numbers.	No soy muy bueno con los números.
I need to work harder on my math.	Necesito trabajar más duro en mis matemáticas.
I just finished a project for history.	Acabo de terminar un proyecto de historia.
I had to make a map of Canada with diagrams showing the routes of all the explorers.	Tuve que hacer un mapa de españa con diagramas que mostraran las rutas de todos los exploradores.
It was an interesting project because I have been to some of the places that the explorers went to.	Fue un proyecto interesante porque he estado en algunos de los lugares a los que fueron los exploradores.
I don't have any science homework.	No tengo ninguna tarea de ciencias.
At school, we are growing bean plants.	En la escuela cultivamos frijoles.

¡Importante! para descargar archivos de audio. Por favor, Siga este enlace. myeverydayrepertoire.com

We go in every day and see how the plants have grown.	Entramos todos los días y vemos cómo han crecido las plantas.
We write down all the changes that occur in the plant every day.	**Anotamos** todos los cambios que ocurren en la planta todos los días.
The only other homework that I have is geography.	La única otra tarea que tengo es geografía.
I have a map of Canada, and I have to write the names of all the provinces and their capitals on it.	Tengo un mapa de canada y tengo que escribir los nombres de todas las provincias y sus capitales en él.
It won't take me long to do that because I know all the provinces.	No me llevará mucho tiempo hacerlo porque conozco todas las provincias.
When my homework is all done, I will go outside and play ball with my friends until it is time to come in.	Cuando termine mi tarea, saldré y jugaré a la pelota con mis amigos hasta que sea el momento de entrar.
I am a good student. I get good marks because I like school.	Yo soy un buen estudiante. Saco buenas notas porque me gusta la escuela.
My favorite subjects are physical education, English and history.	Mis materias favoritas son educación física, español e historia.
Math is my least favorite subject, but I'm trying to improve my marks in that.	Matemáticas es la asignatura que menos me gusta, pero estoy tratando de mejorar mis calificaciones en eso.

¡Importante! para descargar archivos de audio. Por favor, Siga este enlace. myeverydayrepertoire.com

1.10 The Library - *La biblioteca*

One of my favorite places is the library.	Uno de mis lugares favoritos es la biblioteca.
I go there to get books for school, and I go there to get books for pleasure.	Voy allí a comprar libros para la escuela y voy allí a comprar libros por placer.
I often read mysteries for fun.	A menudo leo de misterios por diversión.
In the summer, I read lots of mysteries.	En el verano leo muchos de misterios.
I like to sit outside and read.	Me gusta sentarme afuera y leer.
In the winter, I have to read books for school.	En el invierno, tengo que leer libros para la escuela.
I go to the library to find out things for my projects.	Voy a la biblioteca a buscar cosas para mis proyectos.
I often use the dictionary and the atlas.	A menudo uso el diccionario y el atlas.
Some of my friends go with me, and we sit at the tables and do our homework.	Algunos de mis amigos van conmigo y nos sentamos en las mesas y hacemos nuestra tarea.
We can't make a lot of noise in the library.	No podemos hacer mucho ruido en la biblioteca.
People have to be quiet when they are in a library.	La gente tiene que estar callada cuando está en una biblioteca.
When I first went to the library, I was confused about how to find books.	Cuando fui a la biblioteca por primera vez, estaba confundido acerca de cómo encontrar libros.

¡Importante! para descargar archivos de audio. Por favor, Siga este enlace. myeverydayrepertoire.com

The librarian showed me how to use the computer to find books.	La bibliotecaria me mostró cómo usar la computadora para encontrar libros.
Now I am able to do all my research myself.	**Ahora** puedo hacer toda mi investigación yo mismo.
I have read some very interesting books.	He leído algunos libros muy interesantes.
I have learned a lot from library books.	He aprendido mucho de los libros de la biblioteca.
I always bring the books back on time so I don't get a fine.	Siempre llevo los libros a tiempo para no recibir una multa.
I am collecting books at home.	Colecciono libros en casa.
People often give me books for gifts.	La gente a menudo me regala libros.
Soon I will have my own library.	**Pronto** tendré mi propia biblioteca.
Reading is a good hobby.	Leer es un buen pasatiempo.
Everyone in my family likes to read.	A todos en mi familia les gusta leer.
The library has other things besides books.	La biblioteca tiene otras cosas además de libros.
There are videos at the library.	Hay videos en la biblioteca.
There are also compact discs at the library.	También hay discos compactos en la biblioteca.
I have a library card so I can get books, videos or compact discs whenever I want to.	Tengo una tarjeta de la biblioteca para poder obtener libros, videos o discos compactos cuando quiera.
My mother sometimes goes to the library to look at the magazines.	Mi madre va a veces a la biblioteca a mirar las revistas.

¡Importante! para descargar archivos de audio. Por favor, Siga este enlace. myeverydayrepertoire.com

She gets some good recipes from the magazines.	Obtiene buenas recetas de los libros de cocina.
My father looks for books on how to build things.	Mi padre busca libros sobre cómo construir cosas.
He is building some bookshelves for me at the moment.	Él está construyendo algunas estanterías para mí en este momento.
He found the instructions in a book.	Encontró las instrucciones en un libro.
My little brother reads children's books.	Mi hermano pequeño lee libros para niños.
He likes books about trains.	Le gustan los libros sobre trenes.
I have liked books ever since I was very small.	Me han gustado los libros desde que era muy pequeño.
My mother says that reading is a good habit to get into.	Mi madre dice que la lectura es un buen hábito para adquirir.

SCAN ME

Listen to Audio files Here!

¡Importante! para descargar archivos de audio. Por favor, Siga este enlace. myeverydayrepertoire.com

2 CAPÍTULO: SEASON - Estación

Vocabulary Overview -Resumen de vocabulario

Season	Estación
(To) Snow	Nevar (v)
Snow	Nieve (N)
To Fall	Caer
Day	Día
Today	Hoy
To Shovel	Palear (la nieve)
Driveway	Entrada de coches
Hat	Sombrero
Mittens	Mitones
Scarf	Bufanda
To Zipper	Cerrar la Cremallera
Zipper	Cremallera
Jacket	Chaqueta
To Put	Poner
(To) Go Outside	Salir (v)
(To) Go Inside	Ir adentro/ Entrar
Make Snow Angels	Hacer ángeles en La nieve
(To) Throw Snowball(S)	Lanzar bolas de nieve
Easter	Pascua
Easter Egg Hunt	Búsqueda de huevos de Pascua
To Be Fun	Ser divertido
To Hide	Ocultar

¡Importante! para descargar archivos de audio. Por favor, Siga este enlace. myeverydayrepertoire.com

Chocolate Bunnies	Chocolate Forma de Conejitos
To Close	Cerrar
To Find	Encontrar
Behind	Detrás
To Clean Up	Limpiar
Leaf/Leaves	Hoja / Hojas
Maple	Arce
Wind	Viento
Strong	Fuerte
Winter	Invierno
To Fall Off	Caerse
Rake	Rastrillo
Garbage Bag(S)	Bolsa de basura
To Gather	Reunir
Big Pile	Pila grande
To Full	Llenar/ Completar
Cold	Frío
Sun	Sol
Blow	Golpe
Swimming	Natación
Ice	Hielo
Spring	Primavera
Fall / Autumn	Otoño
Warmer	Más cálido
Weather	Clima (Tiempo)
Tree(S)	Árboles
Cooler	Más frío

¡Importante! para descargar archivos de audio. Por favor, Siga este enlace. myeverydayrepertoire.com

Bud	Brote
Flower(S)	Flor/ flores
Bloom	florecer
Rain	Lluvia
Summer	Verano

2.1 First snow fall - *Primera caída de nieve*

Today is November 26th.	Hoy es 26 de noviembre.
It snowed all day today.	Hoy ha nevado todo el día.
The snow is beautiful.	La nieve es hermosa.
The snow finally stopped.	La nieve finalmente se detuvo.
My sister and I are excited.	Mi hermana y yo estamos emocionados.
My Mom doesn't like the snow.	A mi mamá no le gusta la nieve.
My Mom has to shovel the driveway.	Mi mamá tiene que palear el camino de entrada.
My sister and I get to play.	Mi hermana y yo jugamos.
I put on my hat and mittens.	Me puse el sombrero y las manoplas.
My Mom puts on my scarf.	Mi mamá me pone mi bufanda.
My Mom zippers my jacket.	Mi mamá me cierra la cremallera de la chaqueta.
My sister puts on her hat and mittens.	Mi hermana se pone el sombrero y las manoplas.
My Mom puts on her scarf.	Mi mamá se pone la bufanda.
My Mom zippers her jacket.	Mi mamá cierra la cremallera de su chaqueta.
My sister and I go outside.	Mi hermana y yo salimos.

¡Importante! para descargar archivos de audio. Por favor, Siga este enlace. myeverydayrepertoire.com

We begin to make a snowman.	Empezamos a hacer un muñeco de nieve.
My Mom starts to shovel the snow.	Mi mamá comienza a palear la nieve.
My sister and I make snow angels.	Mi hermana y yo hacemos ángeles de nieve.
My sister and I throw snowballs.	Mi hermana y yo lanzamos bolas de nieve.
It starts to snow again.	Empieza a nevar de nuevo.
We go inside for hot chocolate.	Entramos por chocolate caliente.

2.2 The Easter egg hunt
La búsqueda de huevos de Pascua

Samantha is going to an Easter egg hunt.	Samantha va a una búsqueda de huevos de Pascua.
Tracey is going to an Easter egg hunt.	Tracey va a una búsqueda de huevos de Pascua.
The Easter egg hunt is at Sydney's house.	La búsqueda de huevos de Pascua es en la casa de Sydney.
It is going to be fun.	**Va a ser divertido.**
Sydney's mom hid chocolate eggs.	La mamá de Sydney escondió huevos de chocolate.
Sydney's mom hid chocolate bunnies.	La mamá de Sydney escondió conejitos de chocolate.
Everybody is here.	**Todo el mundo está aquí.**
Everybody has an Easter basket.	Todo el mundo tiene una canasta de Pascua.
The Easter egg hunt can start.	Puede comenzar la búsqueda de huevos de Pascua.
Everybody must close their eyes.	Todos deben cerrar los ojos.

¡Importante! para descargar archivos de audio. Por favor, Siga este enlace. myeverydayrepertoire.com

One, two, three, go!	¡Uno, dos, tres, vamos!
Samantha finds an Easter egg.	Samantha encuentra un huevo de Pascua.
The Easter egg is behind a table.	El huevo de Pascua está detrás de una mesa.
She puts it in her basket.	**Ella lo pone en su canasta.**
Tracey finds a chocolate Easter bunny.	Tracey encuentra un conejito de Pascua de chocolate.
It's under the couch.	Está debajo del sofá.
Tracey puts in her basket.	Tracey lo pone en su canasta.
Sydney finds a chocolate Easter bunny too.	Sydney también encuentra un conejito de Pascua de chocolate.
It's in front of the television.	Está frente a la televisión.
She puts in her basket.	Ella lo pone en su canasta.
Everybody finds lots of chocolate.	Todo el mundo encuentra mucho chocolate.
Everybody shares their chocolate.	Todos comparten su chocolate.
Samantha, Tracey, and Sydney love Easter.	A Samantha, Tracey y Sydney les encanta la Pascua.

¡Importante! para descargar archivos de audio. Por favor, Siga este enlace. myeverydayrepertoire.com

2.3 Cleaning Up Leaves - Limpieza de hojas

The leaves are changing colors.	Las hojas cambian de color.
I see red maple leaves.	Veo hojas de arce rojas.
I see orange maple leaves.	Veo hojas de arce naranjas.
I see yellow maple leaves.	Veo hojas de arce amarillas.
The leaves are beautiful.	Las hojas son hermosas.
It is starting to get cold.	Empieza a hacer frío.
The wind is strong.	El viento es fuerte.
Winter is coming.	Viene el invierno.
The leaves fall off the trees.	Las hojas se caen de los árboles.
On Saturday we will clean them up.	El sábado los limpiaremos.
The whole family helps.	Toda la familia ayuda.
My Dad gets the rake.	Mi papá se lleva el rastrillo.
My Mom gets the garbage bags.	Mi mamá recoge las bolsas de basura.
My brother and I help too.	Mi hermano y yo también ayudamos.
We gather leaves with our hands.	Recogemos hojas con nuestras manos.
We make a big pile.	Hacemos una gran pila.
My brother and I jump in the leaves.	Mi hermano y yo saltamos entre las hojas.
We make a big mess.	Hacemos un gran lío.
Our parents don't mind.	A nuestros padres no les importa.
Our parents fill our coats with leaves.	Nuestros padres llenan nuestros abrigos de hojas.
We look really big.	Nos vemos realmente grandes.
Everyone laughs.	Todos ríen.
Play time is over.	Se acabó el tiempo de juego.

¡Importante! para descargar archivos de audio. Por favor, Siga este enlace. myeverydayrepertoire.com

Back to work. | De Vuelta al trabajo.

2.4 Season - *Estación*

There are four seasons.	Hay cuatro estaciones.
Winter is the cold season.	El invierno es la estación fría.
It snows in the winter.	Nieva en invierno.
The winds blow, and ice forms on the water.	Los vientos soplan y se forma hielo en el agua.
We play hockey on the ice.	Jugamos al hockey sobre el hielo.
We play in the snow.	**Jugamos en la nieve.**
After winter is the spring.	Después del invierno llega la primavera.
That is when it begins to get warmer.	Ahí es cuando comienza a calentarse.
Trees get buds on them.	A los árboles les salen cogollos.
Flowers start to bloom.	Las flores comienzan a florecer.
It rains a lot in the spring.	Llueve mucho en primavera.
Spring is followed by the summer.	A la primavera le sigue el verano.
It can get very hot in the summertime.	Puede hacer mucho calor en verano.
The sun shines brightly.	El sol brilla intensamente.
We go swimming in the summer.	Vamos a nadar en verano.
We spend a lot of time outdoors.	Pasamos mucho tiempo al aire libre.
Many people go on vacations in the summer.	Mucha gente se va de vacaciones en verano.
We get a summer vacation from school.	Tenemos unas vacaciones de verano de la escuela.

¡Importante! para descargar archivos de audio. Por favor, Siga este enlace. myeverydayrepertoire.com

Summer is followed by the fall or autumn.	Al verano le sigue el otoño.
The leaves on the trees change colours.	Las hojas de los árboles cambian de color.
They change from green to red, orange and brown.	Cambian de verde a rojo, naranja y marrón.
The leaves fall off the trees.	Las hojas se caen de los árboles.
The weather gets cooler.	El clima se pone más fresco.
The days get shorter.	Los días se acortan.
We go back to school in the fall.	Volvemos a la escuela en otoño.
Then, winter comes again.	Entonces, vuelve el invierno.
The seasons follow one after each other.	Las estaciones se suceden una tras otra.

2.5 Weather - Tiempo

You can watch the weatherman on TV, to find out what the weather will be like.	Puede ver al meteorólogo en la televisión para saber cómo estará el tiempo.
It might be a nice clear day with no clouds in the sky.	Puede que sea un buen día despejado sin nubes en el cielo.
The sun might be shining.	Puede que el sol esté brillando.
It could be a cloudy day.	Podría ser un día nublado.
Sometimes, cloudy days are just dull.	A veces, los días nublados son aburridos.
On some cloudy days, it begins to rain or snow.	En algunos días nublados, comienza a llover o nevar.
Some days are rainy.	Algunos días son lluviosos.
You need a raincoat, umbrella and boots on a rainy day.	Necesita impermeable, paraguas y botas en un día lluvioso.
Rain makes the flowers and grass grow.	La lluvia hace crecer las flores y la hierba.

¡Importante! para descargar archivos de audio. Por favor, Siga este enlace. myeverydayrepertoire.com

The weather forecast might say that it will be windy.	El pronóstico del tiempo podría decir que habrá viento.
You could have a gentle breeze.	Podría tener una brisa suave.
It might be very gusty so that the wind pushes you.	Puede ser muy racheado para que el viento te empuje.
It is dangerous if the wind is very strong.	Es peligroso si el viento es muy fuerte.
A hurricane or tornado is very dangerous.	Un huracán o un tornado es muy peligroso.
Once in a while, the weatherman says there will be hail.	De vez en cuando, el meteorólogo dice que habrá granizo.
Hail stones are hard cold pellets of ice that fall from the sky.	Las piedras de granizo son bolitas de hielo duro y frío que caen del cielo.
Sometimes, the weatherman will say that there will be snow flurries.	A veces, el meteorólogo dirá que habrá ráfagas de nieve.
Sometimes, there is just a light dusting of snow.	A veces, solo hay una ligera capa de nieve.
Sometimes, there is a blizzard or a snowstorm.	A veces, hay una ventisca o una tormenta de nieve.
It can be dangerous driving through a blizzard.	Puede ser peligroso conducir a través de una ventisca.
If there is a lot of snow, the streets have to be plowed.	Si hay mucha nieve, hay que arar las calles.
You need a hat, coat, mittens and boots on a very cold day.	Necesitas sombrero, abrigo, guantes y botas en un día muy frío.
Sometimes, the weather forecast is wrong.	A veces, el pronóstico del tiempo es incorrecto.

¡Importante! para descargar archivos de audio. Por favor, Siga este enlace. myeverydayrepertoire.com

The weatherman might say that it will be a sunny day, but then the clouds come in and it rains.	El meteorólogo podría decir que será un día soleado, pero luego llegan las nubes y llueve.
That is not good if you are planning a picnic.	Eso no es bueno si está planeando un picnic.
I prefer sunny days that are warm but not too hot.	Prefiero los días soleados que son cálidos pero no demasiado calurosos.
I like to feel a gentle breeze to cool me down.	Me gusta sentir una suave brisa que me refresque.

2.6 Autumn - Otoño

Some people call autumn the "fall." You can call it either one.	Algunas personas llaman al otoño "fall". Puedes llamarlo cualquiera de los dos.
Autumn is the time when the leaves change color.	El otoño es el momento en que las hojas cambian de color.
They change from green to beautiful shades of gold, orange and red.	Cambian de verde a hermosos tonos de oro, naranja y rojo.
It looks like an artist has come along and painted all the trees.	Parece que ha venido un artista y ha pintado todos los árboles.
The air starts to get a little cooler in the autumn.	El aire empieza a refrescar un poco en otoño.
We begin to wear jackets or sweaters.	Empezamos a usar chaquetas o suéteres.
We go back to school in the autumn.	Volvemos a la escuela en otoño.
The teacher sometimes gets us to make leaf collections.	El maestro a veces nos obliga a hacer colecciones de hojas.

¡Importante! para descargar archivos de audio. Por favor, Siga este enlace. myeverydayrepertoire.com

We collect different types of leaves and make a display of them.	Recolectamos diferentes tipos de hojas y las exhibimos.
Autumn is the time when old friends get back together and talk about what they did on their summer vacations.	El otoño es el momento en que los viejos amigos vuelven a estar juntos y hablan sobre lo que hicieron en sus vacaciones de verano.
Halloween comes in the autumn.	Halloween llega en otoño.
We dress up in costumes.	Nos vestimos con disfraces.
Some of them are scary, and some of them are funny.	Algunos de ellos dan miedo y otros son divertidos.
We go from door to door and say **"Trick or treat"** and people give us candies.	Vamos de puerta en puerta y decimos **"Truco o trato"** y la gente nos da caramelos.
We wear masks on our faces, and we have a lot of fun.	Llevamos máscaras en la cara y nos divertimos mucho.
The autumn winds start to blow.	Los vientos otoñales empiezan a soplar.
The wind blows the leaves right off the trees until the trees have bare branches.	El viento sopla las hojas de los árboles hasta que los árboles tienen ramas desnudas.
My friends and I like to have a lot of fun outside before the winter leaves us shivering.	A mis amigos y a mí nos gusta divertirnos mucho al aire libre antes de que el invierno nos deje temblando.
We play football and soccer at school.	Jugamos al fútbol y al fútbol en la escuela.

¡Importante! para descargar archivos de audio. Por favor, Siga este enlace. myeverydayrepertoire.com

After school, we ride our bikes through piles of dry leaves.	Después de la escuela, montamos nuestras bicicletas a través de montones de hojas secas.
The leaves go flying through the air as we drive through them.	Las hojas van volando por el aire mientras las atravesamos.
My parents rake the leaves up and put them in big pile.	Mis padres rastrillan las hojas y las amontonan.
I like to jump in the big piles of leaves, but then my parents just have to rake them up again.	Me gusta saltar sobre las grandes pilas de hojas, pero luego mis padres solo tienen que rastrillarlas de nuevo.
The skies get a little cloudier in the autumn, and we know that soon there will be snow, so we enjoy the brisk autumn weather while we can.	El cielo se vuelve un poco más nublado en otoño, y sabemos que pronto habrá nieve, así que disfrutamos del fresco clima otoñal mientras podamos.

¡Importante! para descargar archivos de audio. Por favor, Siga este enlace. myeverydayrepertoire.com

2.7 Winter - *Invierno*

Once the fall is over and the snowflakes start to fall I get very excited.
I can hardly wait for the ground to be covered with a blanket of white snow.
I put on my mittens, my scarf, my hat, coat and winter boots, and I run out into the fluffy snow.
I have to be careful not to slip on the ice.
It can get very icy and cold in the winter.
The first thing that I do is to build a snowman.
I sometimes build a snow fort too.
My friends and I have a good snowball fight.
We laugh a lot, and our cheeks and noses get very red.

When we get too cold, we go into the house and have a cup of hot chocolate.

Una vez que termina la caída y empiezan a caer los copos de nieve, me emociono mucho.
Casi no puedo esperar a que el suelo esté cubierto con un manto de nieve blanca.
Me pongo las manoplas, la bufanda, el sombrero, el abrigo y las botas de invierno, y salgo corriendo a la nieve esponjosa.
Debo tener cuidado de no resbalarme en el hielo.
Puede hacer mucho hielo y frío en el invierno.
Lo primero que hago es construir un muñeco de nieve.
A veces también construyo una fortaleza de nieve.
Mis amigos y yo tenemos una buena pelea de bolas de nieve.
Nos reímos mucho y nuestras mejillas y narices se ponen muy rojas.
Cuando tenemos demasiado frío, entramos a la casa y tomamos una taza de chocolate caliente.

¡Importante! para descargar archivos de audio. Por favor, Siga este enlace. myeverydayrepertoire.com

My father fills the backyard with water that freezes and turns into an ice rink.	Mi padre llena el patio trasero con agua que se congela y se convierte en una pista de hielo.
When the ice is hard enough, my friends and I get our skates and we go out on the ice to play hockey.	Cuando el hielo está lo suficientemente duro, mis amigos y yo tomamos nuestros patines y salimos a jugar al hockey.
All of my friends own hockey sticks.	Todos mis amigos tienen palos de hockey.
I am usually the goalie, and I have to keep the puck from going into the net.	Normalmente soy el portero y tengo que evitar que el disco entre en la red.
My sister and her friends don't really like to play hockey.	A mi hermana y a sus amigas no les gusta mucho jugar al hockey.
They would rather just skate around on the ice.	Preferirían simplemente patinar sobre el hielo.
I took skating lessons, so I don't usually fall down.	Tomé lecciones de patinaje, así que no suelo caerme.
My little brother is just learning to skate, so he falls down a lot.	Mi hermano pequeño recién está aprendiendo a patinar, así que se cae mucho.
My father has to shovel the snow off the paths and the driveway in the winter.	Mi padre tiene que quitar la nieve de los caminos y el camino de entrada en invierno.
I help him.	**Yo lo ayudo.**
Shoveling snow is hard work.	Palear nieve es un trabajo duro.
When my Dad and I finish shoveling the driveway, we go into the house and warm our hands and feet in front of the fireplace.	Cuando mi papá y yo terminamos de limpiar el camino de entrada, entramos en la casa y nos calentamos las manos y los pies frente a la chimenea.

¡Importante! para descargar archivos de audio. Por favor, Siga este enlace. myeverydayrepertoire.com

There is probably nothing more beautiful than fresh fallen snow on the trees.
In the morning, when the sun shines on the snow, it glistens.
I like to leave my footprints in the snow.
Winter can be very beautiful and exciting.

Probablemente no hay nada más hermoso que la nieve recién caída sobre los árboles.
Por la mañana, cuando el sol brilla sobre la nieve, brilla.
Me gusta dejar mis huellas en la nieve.
El invierno puede ser muy hermoso y emocionante.

2.8 Spring – Primavera

It rains a lot in the spring.
The trees are full of buds, and the flowers are starting to bloom.
My favorite spring flowers are tulips and daffodils.
The birds come back from the south.
I can always tell that spring is here when I see my first robin of the season.

The robins pull worms from the wet ground.
When it isn't raining, my friends and I go outside and toss a ball around.
We look forward to the summer, but we are glad to get outside after the long winter.

Llueve mucho en primavera.
Los árboles están llenos de capullos y las flores comienzan a florecer.
Mis flores de primavera favoritas son los tulipanes y los narcisos.
Los pájaros vuelven del sur.
Siempre puedo decir que la primavera está aquí cuando veo mi primer petirrojo de la temporada.

Los petirrojos arrancan gusanos del suelo húmedo.
Cuando no está lloviendo, mis amigos y yo salimos y lanzamos una pelota.
Esperamos con ansias el verano, pero nos alegra poder salir después del largo invierno.

¡Importante! para descargar archivos de audio. Por favor, Siga este enlace. myeverydayrepertoire.com

The air smells so fresh in the spring.	El aire huele tan fresco en primavera.
My mother always tells me not to track mud into the house.	Mi madre siempre me dice que no introduzca barro en la casa.
It's very muddy in our yard in the springtime.	En primavera hay mucho barro en nuestro jardín.
I wipe my muddy feet before I go into the house.	Me limpio los pies embarrados antes de entrar a la casa.
There are a lot of puddles in my yard.	Hay muchos charcos en mi jardín.
I sometimes splash in the puddles, and I get wet and cold, so I have to go into the house.	A veces chapoteo en los charcos y me mojo y me resfrio, así que tengo que entrar a la casa.
I like it when the snow has melted, the rain has stopped, and the sun comes out.	Me gusta cuando la nieve se derrite, la lluvia se detiene y sale el sol.
On sunny days I always get together with my friends.	En los días soleados siempre me encuentro con mis amigos.
On those days we either ride our bikes or play ball.	En esos días andamos en bicicleta o jugamos pelota.
My parents like to go for walks on spring evenings.	A mis padres les gusta pasear en las tardes de primavera.
They also like to clean up the yard in the spring.	También les gusta limpiar el jardín en primavera.
Everyone seems to be outside.	Todos parecen estar afuera.
The springtime brings people out of their houses.	La primavera saca a la gente de sus casas.

¡Importante! para descargar archivos de audio. Por favor, Siga este enlace. myeverydayrepertoire.com

3 CAPÍTULO: PEOPLE- *Personas/Gente*
Vocabulary Overview Resumen de vocabulario

People	Gente, Persona
Short	Corto
Tall	Alto
Big	Grande
Small	Pequeño
Shape	Forma
Size	Tamaño
Thin	Delgado
Fat	Gordo/Grasa
Hair	Cabello
Alike	Igual
Leg(S)	Pierna (S)
Walk	Caminar (V)
Fast	Rápido
Foot -Feet	Pie -Pies
Hand(S)	Mano (S)
To Look After	Cuidar
To Smile At	Sonreír
Face	Cara
Brave	Valiente
Manner (S)	Conducta
Polite	Cortés

¡Importante! para descargar archivos de audio. Por favor, Siga este enlace. myeverydayrepertoire.com

3.1 Different - Diferente

Are you tall or short? Are you big or small?	¿Eres alto o bajo? ¿Eres grande o pequeño?
People come in many different shapes and sizes.	Hay personas de diferentes formas y tamaños.
Some people wear size small clothes.	Algunas personas usan ropa de talla pequeña.
Other people wear size medium clothes.	Otras personas usan ropa de talla mediana.
There are people who wear large size clothes.	Hay personas que usan ropa de gran tamaño.
Some people even wear extra-large clothes.	Algunas personas incluso usan ropa extra grande.
Some people are thin.	Algunas personas son delgadas.
Some people are fat.	Algunas personas son gordas.
Some people are in between.	Algunas personas están en el medio.
There are people with short hair.	Hay gente de pelo corto.
Other people have long hair.	Otras personas tienen el pelo largo.
Some people have no hair at all.	Algunas personas no tienen pelo.
No two people are exactly alike.	No hay dos personas exactamente iguales.
Some people have long legs.	Algunas personas tienen piernas largas.
I have short legs.	Tengo piernas cortas.
I don't walk as fast as a person with long legs.	No camino tan rápido como una persona con piernas largas.
I am not a tall person.	No soy una persona alta.
In fact, I am quite short.	De hecho, soy bastante bajito.
My feet are a size seven.	Mis pies son un tamaño siete.

¡Importante! para descargar archivos de audio. Por favor, Siga este enlace. myeverydayrepertoire.com

My mother has size five feet.	Mi madre mide cinco pies.
My father has size twelve feet.	Mi padre mide doce pies.
We are all different sizes.	Todos somos de diferentes tamaños.
It is not a bad thing.	No es nada malo.
It is a good thing that we are all unique.	Es bueno que todos seamos únicos.

3.2 Amy

Amy was a girl who came into our classroom.	Amy era una niña que vino a nuestro salón de clases.
She had many things wrong with her.	Tenía muchas cosas mal con ella.
Amy was in a wheelchair, and she couldn't talk.	Amy estaba en una silla de ruedas y no podía hablar.
She couldn't make her hands and feet do what she wanted them to do.	No podía hacer que sus manos y pies hicieran lo que ella quería que hicieran.
We wondered why Amy would even be in our class, because she really couldn't do much of anything.	Nos preguntamos por qué Amy estaría en nuestra clase, porque realmente no podía hacer mucho de nada.
Amy had a teaching assistant who had to stay with her all the time. One day the teaching assistant got called away.	Amy tenía una asistente de enseñanza que tenía que quedarse con ella todo el tiempo. Un día llamaron a la asistente de enseñanza.
I had to look after Amy.	Tenía que cuidar de Amy.
I was afraid to look after her.	Tenía miedo de cuidarla.
I really didn't know what to do.	Realmente no sabía qué hacer.

¡Importante! para descargar archivos de audio. Por favor, Siga este enlace. myeverydayrepertoire.com

I sat beside Amy, and I smiled at her.	Me senté al lado de Amy y le sonreí.
She smiled back at me.	Ella me devolvió la sonrisa.
I never realized before that she had such a nice smile.	Nunca antes me había dado cuenta de que tenía una sonrisa tan bonita.
Amy made a noise.	Amy hizo un ruido.
It seemed like she wanted a crayon that was lying beside her.	Parecía que quería un crayón que estaba a su lado.
I put the crayon into her hand.	Le puse el crayón en la mano.
She had trouble holding it, but eventually she got the crayon into her hand well enough so that she could make marks on the paper that was on the tray in front of her.	Tuvo problemas para sostenerlo, pero eventualmente sostuvo el crayón en su mano lo suficientemente bien como para poder hacer marcas en el papel que estaba en la bandeja frente a ella.
Amy spent a long time making marks on the paper.	Amy pasó mucho tiempo haciendo marcas en el papel.
She tried so hard to create whatever it was that she was drawing.	Intentó con todas sus fuerzas crear lo que fuera que estaba dibujando.
She worked for a long time.	Trabajó durante mucho tiempo.
I just watched her, and I gave her a lot of credit for not giving up when she obviously had so many problems.	La miré y le di mucho crédito por no darse por vencida cuando obviamente tenía tantos problemas.
When she was finally done, she picked up the paper with great difficulty.	Cuando finalmente terminó, recogió el papel con gran dificultad.
With a look of pride on her face, she handed me the picture.	Con una mirada de orgullo en su rostro, me entregó el dibujo.

¡Importante! para descargar archivos de audio. Por favor, Siga este enlace. myeverydayrepertoire.com

It was for me.	Era para mi.
I was very touched that she spent all that time drawing something for me.	Me conmovió mucho que pasara todo ese tiempo dibujando algo para mí.
I thanked Amy and smiled at her.	Le di las gracias a Amy y le sonreí.
I told her I loved the picture.	Le dije que me encantaba el dibujo.
I still have that picture, although I'm not sure what it is a picture of.	Todavía tengo esa imagen, aunque no estoy seguro de qué es una imagen.
I learned a lot from Amy that day.	Aprendí mucho de Madelin ese día.
I saw a brave girl who wouldn't give up.	Vi a una chica valiente que no se rendiría.
Whenever I think my problems are too big to handle, I think of Amy and I remember her smile.	Siempre que pienso que mis problemas son demasiado grandes para manejarlos, pienso en Amy y recuerdo su sonrisa.

¡Importante! para descargar archivos de audio. Por favor, Siga este enlace. myeverydayrepertoire.com

3.3 Manners - *Modales*

It is good to be polite.	Es bueno ser cortés.
People like you more when you are polite.	Le agradas más a la gente cuando eres educado.
Always say please and thank you.	Siempre di por favor y gracias.
If you ask for some milk, you should say, **"Please, may I have a glass of milk?"**	Si pide un poco de leche, debe decir: **"Por favor, ¿puedo tomar un vaso de leche?"**
When someone gives you the milk, you should respond with **"Thank you."**	Cuando alguien te dé la leche, debes responder con un **"Gracias"**.
It is not difficult to be polite.	No es difícil ser cortés.
You should not push or shove people.	No debe empujar o halar a la gente.
You should cover your mouth when you cough or sneeze.	Debe cubrirse la boca al toser o estornudar.
You should address people properly.	Debes dirigirte a las personas correctamente.
If you are trying to get someone's attention, you would say, **"excuse me."**	Si está tratando de llamar la atención de alguien, diría **"perdón"**.
You wouldn't say, **"hey you."**	No dirías **"hola tú"**.
There are table manners.	Hay modales en la mesa.
That is where you eat properly and politely at the dinner table.	Ahí es donde se come adecuada y cortésmente en la mesa.
You don't shove food into your mouth.	No llenarse la boca con comida.
You don't reach over other people's plates.	No alcanzas los platos de otras personas.

¡Importante! para descargar archivos de audio. Por favor, Siga este enlace. myeverydayrepertoire.com

You don't talk with your mouth full.	No hables con la boca llena.
All of these things are common sense.	Todas estas cosas son de sentido común.
Being polite is mostly thinking about how you would like to be treated.	Ser cortés consiste principalmente en pensar en cómo te gustaría que te trataran.
You wouldn't want people to be impolite to you.	No querrás que la gente sea descortés contigo.
It is not polite to point at people.	No es de buena educación señalar a las personas.
It is not polite to burp out loud.	No es de buena educación eructar en voz alta.
It is not polite to use someone else's things without asking first.	No es de buena educación usar las cosas de otra persona sin preguntar primero.
Being polite just comes naturally if you have been brought up in a home where everyone was polite.	Ser cortés es algo natural si te criaron en un hogar donde todos eran educados.

¡Importante! para descargar archivos de audio. Por favor, Siga este enlace. myeverydayrepertoire.com

3.4 The Two Sexes - *Los dos Sexos*

There are two sexes or genders. There is the male gender, and there is the female gender. Males and females are different, both physically and mentally.	Hay dos sexos o géneros. Está el género masculino y está el género femenino. Los hombres y las mujeres son diferentes, tanto físico como mentalmente.
Humans are both male and female, and animals are both male and female. If you have a dog, it is either a girl dog or a boy dog. Boys grow up to be men.	Los seres humanos son hombres y mujeres, y los animales son machos y hembras. Si tienes un perro, es una perrita o un perrito. Los niños crecen para ser hombres.
Men grow hair on their faces.	A los hombres les crece pelo en la cara.
Men are usually more muscular than women. Men dress differently than women. Men are males. Males are masculine. Girls grow up to be women.	Los hombres suelen ser más musculosos que las mujeres. Los hombres se visten de manera diferente a las mujeres. Los hombres son masculinos. Los machos son masculinos. Las niñas crecen para convertirse en mujeres.
Only women can have babies.	Solo las mujeres pueden tener bebés.
Women are females. Females are feminine. Another word for women is ladies.	Las mujeres son femeninas. Las hembras son femeninas. Otra palabra para mujeres es damas.

¡Importante! para descargar archivos de audio. Por favor, Siga este enlace. myeverydayrepertoire.com

It is good that we have males and females.	Es bueno que tengamos machos y hembras.
Your father is a male.	Tu padre es un hombre.
Your grandfather, brother and uncle are males.	Tu abuelo, hermano y tío son varones.
Your mother is a female.	Tu madre es mujer.
Your grandmother, sister and aunt are females.	Tu abuela, hermana y tía son mujeres.

3.5 Me - YO

I am special.	Soy especial.
Nobody in the world is exactly like I am.	Nadie en el mundo es exactamente como yo.
They might have the same color hair and eyes that I do, But they are not exactly like me.	Pueden tener el mismo color de cabello y ojos que yo, pero no son exactamente como yo.
I am the only person in the world who thinks my thoughts.	Soy la única persona en el mundo que piensa mis pensamientos.
No two people in the world are exactly alike.	No hay dos personas en el mundo exactamente iguales.
It is good to be your own person.	Es bueno ser tu propia persona.
It is good to be creative and be natural.	Es bueno ser creativo y natural.
People have to follow the laws and the rules.	La gente tiene que seguir las leyes y las reglas.
People should always be kind to others.	Las personas siempre deben ser amables con los demás.
I try to follow all the rules.	Intento seguir todas las reglas.
I am kind to others.	Soy amable con los demás.

¡Importante! para descargar archivos de audio. Por favor, Siga este enlace. myeverydayrepertoire.com

I am a lot like many other people, yet I am different.	Me parezco mucho a muchas otras personas, pero soy diferente.
I am like my friend Jane, but she has red hair and I have dark hair.	Soy como mi amiga Jane, pero ella tiene el pelo rojo y yo el pelo oscuro.
She has a loud voice, and I have a soft voice.	Ella tiene una voz fuerte y yo una voz suave.
She likes to eat vegetables, and I do not.	A ella le gusta comer verduras y a mí no.
Jane and I are the same height.	Jane y yo tenemos la misma altura.
We both like movies and we are both afraid of spiders.	A los dos nos gustan las películas y los dos le tenemos miedo a las arañas.
We wear the same size shoes, and we both have the same favorite colour.	Usamos zapatos del mismo tamaño y ambos tenemos el mismo color favorito.
We are best friends, but sometimes we disagree about things.	Somos mejores amigos, pero a veces no estamos de acuerdo con algunas cosas.
We are alike in many ways, and different in many ways.	Somos parecidos en muchos aspectos y diferentes en muchos aspectos.
If we were all exactly the same, the world would be a very boring place.	Si todos fuéramos exactamente iguales, el mundo sería un lugar muy aburrido.
I am myself, and I am glad that I am special.	Soy yo mismo y me alegro de ser especial.
You are special too.	Tú también eres especial.
Use your own special talents, and take the time to meet other people.	Utilice sus propios talentos especiales y tómese el tiempo para conocer a otras personas.

¡Importante! para descargar archivos de audio. Por favor, Siga este enlace. myeverydayrepertoire.com

The world is made up of a lot of different people; that's what makes life exciting.	El mundo está formado por muchas personas diferentes; eso es lo que hace la vida emocionante.

3.6 Making friends - Haciendo amigos

I used to be very shy.	Solía ser muy tímido.
I would not go up to someone that I did not know and say hello.	No me acercaría a alguien que no conociera y saludaría.
I was afraid that people would not want to talk to me.	Tenía miedo de que la gente no quisiera hablar conmigo.
I have changed.	**He cambiado.**
I have become less shy.	Me he vuelto menos tímido.
I have learned that making friends is easy to do.	He aprendido que hacer amigos es fácil.
All you have to do is say hello.	Todo lo que tienes que hacer es saludar.
Most people will respond to a smile and a friendly hello.	La mayoría de la gente responderá con una sonrisa y un saludo amistoso.
People will begin to talk to you about little things in their lives.	La gente comenzará a hablarte de pequeñas cosas en sus vidas.
You will soon realize that you have something in common with that person.	Pronto te darás cuenta de que tienes algo en común con esa persona.
Whenever I start talking to a new person I find that there is some interest that we share.	Cada vez que empiezo a hablar con una persona nueva, encuentro que hay algún interés que compartimos.

¡Importante! para descargar archivos de audio. Por favor, Siga este enlace. myeverydayrepertoire.com

Maybe we know some of the same people, or we went to the same school.	Tal vez conocemos a algunas de las mismas personas o fuimos a la misma escuela.
Often we find that we like the same music or the same movies.	A menudo encontramos que nos gusta la misma música o las mismas películas.
It is easy to have a conversation with someone once you find a topic that you both can relate to.	Es fácil tener una conversación con alguien una vez que encuentras un tema con el que ambos pueden identificarse.
The most important part to making friends is to listen to what the other person says.	La parte más importante para hacer amigos es escuchar lo que dice la otra persona.
If you take an interest in them, they are sure to take an interest in you.	Si te interesas por ellos, seguro que se interesarán por ti.
I have learned many things from meeting people.	He aprendido muchas cosas al conocer gente.
I have had many fascinating conversations, and I have made a lot of good friends.	He tenido muchas conversaciones fascinantes y he hecho muchos buenos amigos.
One day a girl came up to me and said that she was lost.	Un día se me acercó una chica y me dijo que estaba perdida.
She couldn't find her way to her English class.	No pudo encontrar el camino a su clase de inglés.
I said that I was going to that class too.	Dije que yo también iba a esa clase.
I told her to come with me.	Le dije que viniera conmigo.
We began talking, and we became very good friends.	Empezamos a hablar y nos hicimos muy buenos amigos.
That was a few years ago.	Eso fue hace unos años.
She is still one of my best friends.	Ella sigue siendo una de mis mejores amigas.

¡Importante! para descargar archivos de audio. Por favor, Siga este enlace. myeverydayrepertoire.com

Just think, if she hadn't been lost we might never have become friends.	Piensa, si ella no se hubiera perdido, quizás nunca nos hubiéramos hecho amigos.

4 CAPITULO : FAMILY *Familia*
Vocabulary Overview Resumen de vocabulario

My Family	Mi familia
Son	Hijo
Daughter	Hija
Aunt	Tía
Cousin	Primo
Uncle	Tío
Married	Casado
Father	Padre
Older Than	Mayor que
Mother	Madre
Younger Than	Menor que
Twin	Gemelo
Look Alike	Parecer
Child	Niño
Children	Niños
Relatives	Familiares
Close-Knit Family	Familia unida
Girl	Chica
Crib	Cuna
Wrapped	Envuelto
Tiny	Diminuto
To Hear	Escuchar
To Cry	Llorar

¡Importante! para descargar archivos de audio. Por favor, Siga este enlace. myeverydayrepertoire.com

To Burp	Eructar
To Hold-Held	Retener
To Wear	llevar
Often	A menudo
Toys	Juguetes
Young	Joven
Crawling	arrastrándose
To Ring	Sonar
Church	Iglesia
Aisle	Pasillo
Her	Su/ Sus
His	Su/ Sus
Bride	Novia
Veil	Velo
To Veil	Velar/ Encubrir
Groom	Novio
Lapel	Solapa
Throw	Lanzar
Honeymoon	Luna de miel
Man	Hombre
Most	La mayoría
Quantité	Cantidad
To Work	Trabajar
To Deal With	Tratar con
Mind	Mente

¡Importante! para descargar archivos de audio. Por favor, Siga este enlace. myeverydayrepertoire.com

To Be Hungry	Tener hambre
Bottle	Botella
To Discuss	Discutir
To Yell	Gritar
Spilled	Derramado
To Be Mad	Estar loco/estar enfadado
To Laugh	Reír
Cook	Cocinar
Meal	Comida
Pet	Mascota
To Do the Dishes	Hacer los platos
Won't = Will Not	Futuro (negacion)
Home	Casa/ Hogar
To Be Ill	Estar enfermo
Clothes	Ropa
To Iron	Planchar
To Wash	Lavar
To Get Married	Casarse
To Wake Up	Despertar
To Make Up	Maquillar
Gather	Reunir
Old	Viejo
To Borrow	Pedir prestado
To Get Old	Envejecer
Cane	Caña

¡Importante! para descargar archivos de audio. Por favor, Siga este enlace. myeverydayrepertoire.com

Skin	Piel
Wrinkle	Arrugas
To Grow	Crecer
To Cheer Up	Animarse
Bones = Os	Huesos
To Feed- Fed	Alimentar- Alimentado
To Patter	Farfullar/ chapurrear

4.1 My Family - *Mi familia*

My grandparents are coming to visit us from Calgary, Alberta.	Mis abuelos vienen a visitarnos desde Calgary, Alberta.
My father is very happy because they are his arents, and he is glad that he will see them.	Mi padre está muy feliz porque son sus padres y se alegra de que los verá.
We don't see them very often because Calgary is a long way from Toronto.	No los vemos muy a menudo porque Calgary está muy lejos de Toronto.
My grandparents have two sons: my father and my Uncle Bill.	Mis abuelos tienen dos hijos: mi padre y mi tío Bill.
Uncle Bill is married to my Aunt Susan.	El tío Bill está casado con mi tía Susan.
They have a daughter who is my cousin.	Tienen una hija que es mi prima.
My cousin is a lot older than I, so we do not have a lot in common.	Mi primo es mucho mayor que yo, así que no tenemos mucho en común.
They also have a son who is the same age as me.	También tienen un hijo de la misma edad que yo.

¡Importante! para descargar archivos de audio. Por favor, Siga este enlace. myeverydayrepertoire.com

He is my favorite cousin because we both like the same television shows and the same games.	Es mi primo favorito porque a los dos nos gustan los mismos programas de televisión y los mismos juegos.
I have two brothers and one sister.	Tengo dos hermanos y una hermana.
My brothers are both younger than I.	Mis hermanos son más jóvenes que yo.
They are twins, so they have the same birthday.	Son gemelos, por lo que tienen el mismo cumpleaños.
My sister is one year older than I.	Mi hermana es un año mayor que yo.
People say that my sister and I look alike.	La gente dice que mi hermana y yo nos parecemos.
We both have blonde hair and blue eyes.	Ambos tenemos cabello rubio y ojos azules.
My mother's parents live near us.	Los padres de mi madre viven cerca de nosotros.
They are the grandmother and grandfather who visit us often.	Son la abuela y el abuelo que nos visitan a menudo.
My mother does not have any brothers or sisters.	Mi madre no tiene hermanos ni hermanas.
She is an only child.	**Ella es hija unica.**
I like it when all my family is together.	Me gusta cuando toda mi familia está junta.
I don't have a lot of cousins like some people do, but I have fun with my relatives.	No tengo muchos primos como algunas personas, pero me divierto con mis parientes.
My uncle will often take my cousin and me to the movies.	Mi tío a menudo nos lleva a mi prima y a mí al cine.

¡Importante! para descargar archivos de audio. Por favor, Siga este enlace. myeverydayrepertoire.com

I like to take my grandparents for walks so that they can see my school, and they can meet my friends.	Me gusta llevar a mis abuelos a pasear para que vean mi escuela y conozcan a mis amigos.
My parents talk to my brothers, my sister and I a lot.	Mis padres hablan mucho con mis hermanos, mi hermana y yo.
We are a very close-knit family.	Somos una familia muy unida.
People who have close families are very lucky.	Las personas que tienen familias cercanas tienen mucha suerte.

4.2 A baby - *Bebé*

My aunt just had a baby girl.	Mi tía acaba de tener una niña.
We went to the hospital to visit my aunt and to see the new baby.	Fuimos al hospital para visitar a mi tía y ver al nuevo bebé.
My aunt was feeling fine, although she was just a bit tired.	Mi tía se sentía bien, aunque estaba un poco cansada.
She walked with us to a big window that had lots of babies behind it.	Caminó con nosotros hasta una ventana grande que tenía muchos bebés detrás.
She pointed to a crib with a baby in it.	Señaló una cuna con un bebé en ella.
The baby was wrapped in a pink blanket.	La bebé estaba envuelto en una manta rosa.
We all said how pretty the baby looked.	Todos dijimos lo bonito que se veía la bebé.
I couldn't believe how tiny the baby was.	No podía creer lo pequeño que era la bebé.
She was asleep, so we couldn't see her eyes.	Estaba dormida, así que no podíamos ver sus ojos.
When the baby went home, we went to visit her.	Cuando la bebé se fue a casa, fuimos a visitarla.

¡Importante! para descargar archivos de audio. Por favor, Siga este enlace. myeverydayrepertoire.com

We heard the baby.	Escuchamos al bebé.
She was crying.	Ella estaba llorando.
My aunt said that the baby was hungry.	Mi tía dijo que la bebé tenía hambre.
My aunt had a baby bottle full of warm milk.	Mi tía tenía un biberón lleno de leche tibia.
She fed the baby with it.	Ella alimentó a la bebé con él.
The baby was happy after that.	La bebé estaba feliz después de eso.
My aunt patted the baby on the back until the baby burped, and then the baby fell asleep.	Mi tía le dio unas palmaditas en la espalda a la bebé hasta que eructó y luego se quedó dormido.
I held the baby.	Sostuve a la bebé.
I looked at her tiny fingers and tiny toes.	Miré sus diminutos dedos y sus pequeños dedos de los pies.
I was very careful with her.	Tuve mucho cuidado con ella.
She opened her eyes and looked at me.	Abrió los ojos y me miró.
I spoke to the baby, but I knew that she could not understand me.	Hablé con la bebé, pero sabía que no podía entenderme.
Babies have to learn to walk and talk.	Los bebés tienen que aprender a caminar y hablar.
My aunt changed the baby.	Mi tía cambió a la bebé.
Babies wear diapers, so they need to be changed often.	Los bebés usan pañales, por lo que es necesario cambiarlos con frecuencia.
The baby has a lot of toys, but she is still too young to play with them.	La bebé tiene muchos juguetes, pero todavía es demasiado pequeña para jugar con ellos.

¡Importante! para descargar archivos de audio. Por favor, Siga este enlace. myeverydayrepertoire.com

My aunt says that it won't be long before the baby is crawling and trying to talk.	Mi tía dice que no pasará mucho tiempo antes de que la bebé gatee y trate de hablar.
Babies are cute.	**Los bebés son lindos.**
I have seen pictures of myself when I was a baby, and it's hard to believe that I was once that small	He visto fotos de mí mismo cuando era un bebé, y es difícil creer que alguna vez fui tan pequeño

4.3 A wedding - Una boda

The church bells are ringing. I am inside the church waiting for my cousin to walk down the aisle.	Suenan las campanas de la iglesia. Estoy dentro de la iglesia esperando que mi prima camine por el pasillo.
Today is her wedding day.	Hoy es el día de su boda.
She is a bride.	Ella es una novia.
The organist is playing a song on the organ.	El organista toca una canción en el órgano.
We all stand up and watch my cousin walk down the aisle.	Todos nos ponemos de pie y vemos a mi prima caminar por el pasillo.
She is arm in arm with her father.	Ella está del brazo de su padre.
She is dressed in a long white dress and a veil.	Está vestida con un vestido largo blanco y un velo.
She looks so beautiful.	Ella se ve tan hermosa.
She looks like a princess.	Parece una princesa.
The man who she is going to marry is standing at the front of the church.	El hombre con el que se va a casar está parado al frente de la iglesia.
He is the groom.	El es el novio.

¡Importante! para descargar archivos de audio. Por favor, Siga este enlace. myeverydayrepertoire.com

He looks nice too.	Él también se ve bien.
He is wearing a suit, and he has a flower in his lapel.	Lleva traje y una flor en la solapa.
The minister says words to the couple which will make them man and wife.	El ministro le dice las palabras a la pareja que los convertirán en marido y mujer.
The bride and groom smile at each other, but they seem to be a little bit nervous.	Los novios se sonríen, pero parecen estar un poco nerviosos.
The give each other gold rings to wear to symbolize that they are married.	Se regalan anillos de oro para simbolizar que están casados.
They kiss each other and walk out of the church as the organist plays joyous music.	Se besan y salen de la iglesia mientras el organista toca música alegre.
Some of the people in the church cried at the wedding, but not because they were sad.	Algunas personas de la iglesia lloraron en la boda, pero no porque estuvieran tristes.
Everyone in the church is very happy for the couple.	Todos en la iglesia están muy felices por la pareja.
A photographer takes pictures of the happy couple.	Un fotógrafo toma fotografías de la feliz pareja.
We wish them well and look forward to the reception where we will have a dinner, and we will dance and have a good time until it is very late.	Les deseamos lo mejor y esperamos con ansias la recepción donde cenaremos, bailaremos y pasaremos un buen rato hasta que sea muy tarde.
The bride will throw her bouquet of flowers, and it is said that whoever catches the bouquet will be the next bride.	La novia arrojará su ramo de flores, y se dice que quien coja el ramo será la próxima novia.

¡Importante! para descargar archivos de audio. Por favor, Siga este enlace. myeverydayrepertoire.com

The next day, the bride and groom will leave for their honeymoon.	Al día siguiente, los novios se irán de luna de miel.
My cousin and her husband are going to Mexico for their honeymoon.	Mi prima y su esposo se van a México de luna de miel.

4.4 My Dad - *Mi Papá*

My dad is the man whom I respect the most in my life.	Mi papá es el hombre al que más respeto en mi vida.
He works very hard to make the money that supports us.	Trabaja muy duro para ganar el dinero que nos apoya.
My mother has a job too, and she also works very hard.	Mi madre también tiene trabajo y también trabaja muy duro.
My dad is the principal of a high school.	Mi papá es el director de una escuela secundaria.
He works at the school all day, and often has to go to meetings at night.	Trabaja en la escuela todo el día y, a menudo, tiene que ir a las reuniones por la noche.
He deals with parents, students and staff.	Se ocupa de los padres, los estudiantes y el personal.
There is always something that he has to deal with.	Siempre hay algo con lo que tiene que lidiar.
He has a lot on his mind.	Tiene muchas cosas en la cabeza.
It doesn't matter how much work my dad has to do; he always has time for my brothers, my sister and me.	No importa cuánto trabajo tenga que hacer mi papá; siempre tiene tiempo para mis hermanos, mi hermana y para mí.

¡Importante! para descargar archivos de audio. Por favor, Siga este enlace. myeverydayrepertoire.com

If I go to him with a problem, he will sit down and discuss it with me.	Si acudo a él con un problema, se sentará y lo discutirá conmigo.
He doesn't yell.	No grita.
He is always very logical, and he tries to think of the best way to deal with things.	Siempre es muy lógico e intenta pensar en la mejor manera de lidiar con las cosas.
My dad is a very patient man.	Mi papá es un hombre muy paciente.
Once, I spilled some ink on some papers that he was working on.	Una vez, derramé tinta sobre algunos papeles en los que estaba trabajando.
I thought that he would be mad, but he didn't get angry.	Pensé que se enojaría, pero no se enojó.
He said that it was okay.	Dijo que estaba bien.
He takes time out to do things with us.	Se toma un tiempo para hacer cosas con nosotros.
He has taken my brothers fishing.	Ha llevado a mis hermanos a pescar.
He takes me to the arena to skate, and he helps my sister to write her essays and assignments.	Me lleva a la arena a patinar y ayuda a mi hermana a escribir sus ensayos y tareas.
He always makes us laugh, and he makes us feel like we are very special to him.	Siempre nos hace reír y nos hace sentir que somos muy especiales para él.
He is a very good father, and on Father's Day I always buy him a card that tells him just how much he means to me.	Es un muy buen padre, y el Día del Padre siempre le compro una tarjeta que le dice lo mucho que significa para mí.
I think it is important to have good parents.	Creo que es importante tener buenos padres.

¡Importante! para descargar archivos de audio. Por favor, Siga este enlace. myeverydayrepertoire.com

I hope that when I have children I will be a good parent like my parents are to me.	Espero que cuando tenga hijos sea un buen padre como mis padres para mí.
Parents give children the foundation that they need to live good lives.	Los padres les dan a los niños la base que necesitan para vivir una buena vida.

4.5 My Mother - *Mi madre*

My mother does so many things. She has a job at a dress store; she cooks our meals; she cleans the house; she feeds the pets, and she still finds time to spend with us.	Mi madre hace tantas cosas. Tiene un trabajo en una tienda de ropa; ella cocina nuestras comidas; ella limpia la casa; ella alimenta a las mascotas y todavía encuentra tiempo para pasar con nosotros.
My mother is always busy, but she says that her favorite time is time that she spends with us.	Mi madre siempre está ocupada, pero dice que su tiempo favorito es el que pasa con nosotros.
My mother works from Monday to Friday.	Mi madre trabaja de lunes a viernes.
When she comes home from work, she makes something for supper.	Cuando llega a casa del trabajo, prepara algo para cenar.
We usually do the dishes, so that she won't have to do them.	Solemos lavar los platos, para que ella no tenga que hacerlo.
After supper she helps us with our homework, or she sits down to watch television.	Después de la cena, nos ayuda con los deberes o se sienta a ver la televisión.
Some nights she goes shopping, and she takes whoever wants to go with her.	Algunas noches va de compras y se lleva a quien quiera que la acompañe.

¡Importante! para descargar archivos de audio. Por favor, Siga este enlace. myeverydayrepertoire.com

Mothers are a little bit of everything.	Las madres son un poco de todo.
My mother is like a teacher when she helps us with our homework.	Mi madre es como una maestra cuando nos ayuda con la tarea.
She is like a nurse when she looks after us when we're ill.	Es como una enfermera cuando nos cuida cuando estamos enfermos.
She is like a cook when she makes meals for us.	Es como una cocinera cuando nos prepara la comida.
She says that cleaning the house is her least favorite thing.	Ella dice que limpiar la casa es lo que menos le gusta.
She says that the house gets dirty again right after you clean it.	Dice que la casa se ensucia de nuevo inmediatamente después de limpiarla.
She gets my father, my brothers, sister and me to help her with the cleaning.	Nos pide a mi padre, a mis hermanos, a mi hermana y a mí que la ayudemos con la limpieza.
My mother washes all our clothes, and sometimes she irons them if they need it.	**Mi madre** lava toda nuestra ropa y, a veces, la plancha si se necesita.
My mother says that there are not enough hours in a day.	Mi madre dice que no hay suficientes horas en un día.
We try to help my mother as much as we can.	Intentamos ayudar a mi madre tanto como podamos.
There is a lot of work involved in keeping a home neat and organized.	Hay mucho trabajo involucrado en mantener una casa limpia y organizada.
Most of my friends' mothers work.	La mayoría de las madres de mis amigos trabajan.
Mothers are the people who you go to when you need to be comforted.	Las madres son las personas a las que acudes cuando necesitas que te consuelen.

¡Importante! para descargar archivos de audio. Por favor, Siga este enlace. myeverydayrepertoire.com

Mothers are the people who can make you feel better.	Las madres son las personas que pueden hacerte sentir mejor.
I'm glad that I have the mother that I have.	Me alegro de tener a la madre que tengo.
My mother is caring and funny.	Mi madre es cariñosa y divertida.
She is fun to be around.	Es divertido estar cerca de ella.

4.6 Susan's Wedding Day
El día de la boda de Susan

Susan is getting married.	Susan se va a casar.
Her fiancé's name is Michael.	El nombre de su prometido es Michael.
They are in love.	**Están enamorados.**
They are getting married today.	Hoy se casan.
Susan wakes up early.	Susan se despierta temprano.
She is getting her hair done.	Ella se está arreglando el cabello.
Susan is having her make up done too.	A Susan también van a maquillarla.
Susan looks beautiful.	Susan se ve hermosa.
She puts on her white wedding dress.	Se pone su vestido de novia blanco.
She puts on her veil.	Ella se pone el velo.
Susan needs something blue.	Susan necesita algo azul.
Her garter is blue.	Su liga es azul.
Susan needs something old.	Susan necesita algo viejo.
Her grandmother's ring is old.	El anillo de su abuela es viejo.
Susan needs something borrowed.	Susan necesita algo prestado.

¡Importante! para descargar archivos de audio. Por favor, Siga este enlace. myeverydayrepertoire.com

She is wearing her mother's jewelry.	Lleva las joyas de su madre.
Susan needs something new.	Susan necesita algo nuevo.
Her shoes and dress are new.	Sus zapatos y su vestido son nuevos.
Susan needs a penny for her shoe.	Susan necesita un centavo por su zapato.
It will bring her good luck.	Le traerá buena suerte.
Susan is ready to get married.	Susan está lista para casarse.

4.7 Getting Old - Envejeciendo

My grandfather is getting old.	Mi abuelo está envejeciendo.
When I was younger, my grandfather would carry me on his shoulders, and we would go for a walk.	Cuando era más joven, mi abuelo me cargaba en sus hombros y salíamos a caminar.
Now, my grandfather cannot put me on his shoulders.	Ahora, mi abuelo no puede ponerme sobre sus hombros.
He has a hard time walking, and he uses a cane.	Le cuesta caminar y usa un bastón.
My grandfather used to have lots of hair.	Mi abuelo solía tener mucho cabello.
Now he is bald.	**Ahora está calvo.**
His skin doesn't look like it used to.	Su piel ya no se ve como antes.
It is more wrinkled.	Está más arrugado.
My grandfather takes more naps than he used to.	Mi abuelo toma más siestas de las que solía hacer.
He goes to the doctor's, and he takes pills for his heart.	Va al médico y toma pastillas para el corazón.

¡Importante! para descargar archivos de audio. Por favor, Siga este enlace. myeverydayrepertoire.com

I love my grandfather very much.	Amo mucho a mi abuelo.
I don't like the fact that he is getting older, but my mother says that growing older is just a fact of life.	No me gusta el hecho de que esté envejeciendo, pero mi madre dice que envejecer es solo un hecho de la vida.
She says that we will all get older.	Ella dice que todos envejeceremos.
Sometimes my grandfather forgets things.	A veces mi abuelo se olvida de las cosas.
My mother says to be patient.	Mi madre dice que tengas paciencia.
I am patient.	**Soy paciente.**
I try to help my grandfather as much as I can.	Intento ayudar a mi abuelo tanto como puedo.
I sometimes go for walks with him.	A veces salgo a caminar con él.
I help him to walk when he has trouble.	Le ayudo a caminar cuando tiene problemas.
I cheer him up if I think he might be sad.	Lo animo si creo que podría estar triste.
I get things for him, and I even read to him at night.	Le compro cosas e incluso le leo por la noche.
He used to read to me when I was little.	Solía leerme cuando era pequeña.
Now his eyesight is bad, and he can't see very well.	Ahora tiene mala vista y no puede ver muy bien.
My grandfather tells me stories about when he was a boy.	Mi abuelo me cuenta historias de cuando era niño.

¡Importante! para descargar archivos de audio. Por favor, Siga este enlace. myeverydayrepertoire.com

The world was a very different place then he tells me.	El mundo era un lugar muy diferente de lo que me dice.
His stories are interesting. Sometimes I wish we could trade places for a day so that I would know what it felt like to be old.	Sus historias son interesantes. A veces me gustaría que pudiéramos cambiar de lugar por un día para saber lo que se siente al ser mayor.
My grandfather doesn't complain.	Mi abuelo no se queja.
He jokes about his old bones.	Bromea sobre sus viejos huesos.
I spend a lot of time with my grandfather.	Paso mucho tiempo con mi abuelo.
I hope that he is around for a long time.	Espero que esté aquí por mucho tiempo.

5 CAPÍTULO: INTEREST & HOBBIES
: INTERESES Y PASATIEMPO
Vocabulary Overview -Resumen de vocabulario

Interests	Intereses
Hobbies	Pasatiempos
Favorite	Favorito
Hockey	Hockey
To Practice	Practicar
To Play	Jugar
Player	Jugador
To Watch	Mirar
Fans	Fans
To Be Rewarding	Ser gratificante
To Spend	Gastar
You Would Rather	Preferirías
Gym	Gym
Walks	Paseos
Way	Camino
Stamps	Sellos
Coins	Monedas
Postcard	Postal
Posters	Póster
To Be Able To	Ser capaz de
To Travel	Viajar
Country	País
To Listen To	Escuchar
To Sing	Cantar
To Learn	Aprender
Hand	Mano

¡Importante! para descargar archivos de audio. Por favor, Siga este enlace. myeverydayrepertoire.com

Band	Band, Grupo, Orquesta
Orchestra	Orquesta
To Read	Leer
Book	Libro
Fun	Diversión
Almost	Casi
To Rent	Alquilar
Store	Tienda
Car Chases	Persecuciones de coches
Bad	Malo
Guy	Guy
To Win	Ganar
Aliens	Extraterrestres
To Be Silly	Ser tonto
Unbelievable	Increíble
Thrillers	Novelas de Suspenso
Scary	Aterrador
Cartoon	Dibujos animados
Real	Real
To Take A Trip Faraway	Hacer un viaje Lejos
Plane	Avión
To Take A Flight	Tomar un vuelo
To Stay	Quedarse
Town	Ciudad
Village	Pueblo
Scooter	Scooter
Luggage	Equipaje
Spare Time	Tiempo libre
Tiny	Diminuto
Sailing	Navegación
A Hole	Un agujero

¡Importante! para descargar archivos de audio. Por favor, Siga este enlace. myeverydayrepertoire.com

Doll	Muñeca
Cradle	Cuna
Painting	Painting
Usually	Generalmente
Museum	Museo

5.1 Mark's Big Game - el gran Juego de mark

Mark's favorite sport is hockey.	El deporte favorito de Mark es el hockey.
He is 15 years old.	El tiene 15 años.
Mark practices three times a week.	Mark practica tres veces por semana.
Practices are two hours long.	Las prácticas tienen una duración de dos horas.
Mark plays one game a week.	Mark juega un juego a la semana.
Mark is a good hockey player.	Mark es un buen jugador de hockey.
He plays on Friday nights.	Juega los viernes por la noche.
Friday night hockey games are popular.	Los partidos de hockey de los viernes por la noche son populares.
Mark's family watches him play.	La familia de Mark lo ve jugar.
Mark's friends watch him play too.	Los amigos de Mark también lo ven jugar.
There are always many fans.	Siempre hay muchos fans.
Tonight is the big game.	Esta noche es el gran juego.
Coaches are coming to watch Mark play.	Los entrenadores vienen a ver jugar a Mark.
Mark wants to play in the National Hockey League.	Mark quiere jugar en la Liga Nacional de Hockey.
Mark wants to make a lot of money.	Mark quiere ganar mucho dinero.
It is very hard to play in the NHL.	Es muy difícil jugar en la NHL.
Mark's parents want him to go to college.	Los padres de Mark quieren que vaya a la universidad.
They want him to have an education.	Quieren que tenga una educación.
They want Mark to be successful.	Quieren que Mark tenga éxito.
They want Mark to be happy.	Quieren que Mark sea feliz.

¡Importante! para descargar archivos de audio. Por favor, Siga este enlace. myeverydayrepertoire.com

5.2 Interests and Hobbies
Intereses y pasatiempos

It is very rewarding to have different interests and hobbies.	Es muy gratificante tener diferentes intereses y pasatiempos.
Some people like to play computer games.	A algunas personas les gusta jugar juegos de computadora.
Other people spend a lot of time watching television.	Otras personas pasan mucho tiempo viendo televisión.
There are people who would rather watch movies.	Hay personas que prefieren ver películas.
Some people prefer more physical things.	Algunas personas prefieren cosas más físicas.
They would rather play a sport like baseball, hockey or **basketball**.	Prefieren practicar un deporte como el béisbol, el hockey o el **baloncesto**.
Some people do exercises at a gym, or they just go for walks.	Algunas personas hacen ejercicios en un gimnasio o simplemente salen a caminar.
There are many ways to exercise.	Hay muchas formas de hacer ejercicio.
You can ride a bicycle or lift weights.	Puede andar en bicicleta o levantar pesas.
There are people who like to collect things.	Hay gente a la que le gusta coleccionar cosas.
They can collect all kinds of different things.	Pueden coleccionar todo tipo de cosas diferentes.
You can collect stamps, coins, dolls, postcards, movies, rocks or posters.	Puedes coleccionar sellos, monedas, muñecos, postales, películas, rocas o carteles.

¡Importante! para descargar archivos de audio. Por favor, Siga este enlace. myeverydayrepertoire.com

Some people even collect bugs or leaves.	Algunas personas incluso recolectan insectos u hojas.
Some people are lucky enough to be able to travel.	Algunas personas tienen la suerte de poder viajar.
You can travel to a nearby place, or you can travel far away to a different country.	Puede viajar a un lugar cercano o puede viajar lejos a un país diferente.
There are people who like to listen to music.	Hay gente a la que le gusta escuchar música.
People have different tastes in music.	La gente tiene diferentes gustos musicales.
Some people like rock music, rap, classical music, or folk music.	A algunas personas les gusta la música rock, el rap, la música clásica o la música folclórica.
There are many different types of music.	Hay muchos tipos diferentes de música.
Some people would rather play music than listen to it.	Algunas personas prefieren tocar música que escucharla.
You can play an instrument, or you can sing.	Puedes tocar un instrumento o puedes cantar.
Many people learn to play the guitar or the piano.	Mucha gente aprende a tocar la guitarra o el piano.
Some people join bands or orchestras.	Algunas personas se unen a bandas u orquestas.
There are people who like to read books.	Hay gente a la que le gusta leer libros.
There are a lot of different hobbies.	Hay muchos pasatiempos diferentes.
It depends on what you consider to be fun.	Depende de lo que consideres divertido.
You can have more than one hobby or interest.	Puede tener más de un pasatiempo o interés.
It is good to be interested in a lot of different things.	Es bueno estar interesado en muchas cosas diferentes.

¡Importante! para descargar archivos de audio. Por favor, Siga este enlace. myeverydayrepertoire.com

5.3 Movies - *Películas*

I go to the movies almost every week.
Sometimes, I rent movies from the video store.
My favorite films are action films.

I like to watch car chases.
I like it when the bad guy has a shootout with the good guys.
I like the good guys to win.
I also like science fiction movies.

I like things that take place in the future.
I like movies that have aliens from different planets in them.

Some of the science fiction movies can be silly and unbelievable.

I don't like those ones.
My mother likes dramas.
She has a lot of favorite actors and actresses.
She sometimes watches sad movies that make her cry.
She also likes comedies.
She laughs out loud if a comedy is very funny.
My father likes horror movies.

He likes movies with monsters in them.

Voy al cine casi todas las semanas.
A veces, alquilo películas en la tienda de videos.
Mis películas favoritas son las de acción.

Me gusta ver persecuciones de autos.
Me gusta cuando el malo tiene un tiroteo con los buenos.
Me gusta que ganen los buenos.
También me gustan las películas de ciencia ficción.

Me gustan las cosas que suceden en el futuro.
Me gustan las películas que tienen extraterrestres de diferentes planetas.

Algunas de las películas de ciencia ficción pueden ser tontas e increíbles.

No me gustan esos.
A mi madre le gustan los dramas.
Tiene muchos actores y actrices favoritos.
A veces ve películas tristes que la hacen llorar.
También le gustan las comedias.
Se ríe a carcajadas si una comedia es muy divertida.
A mi padre le gustan las películas de terror.
Le gustan las películas con monstruos.

¡Importante! para descargar archivos de audio. Por favor, Siga este enlace. myeverydayrepertoire.com

He also likes thrillers.	También le gustan los thrillers.
I have watched some thrillers that keep you tense and on the edge of your seat.	He visto algunos thrillers que te mantienen tenso y al borde de tu asiento.
Sometimes, I have to shut my eyes if the movie gets too scary.	A veces, tengo que cerrar los ojos si la película se vuelve demasiado aterradora.
My brother likes animated films.	A mi hermano le gustan las películas de animación.
In animated films, there are no actors, just cartoon characters.	En las películas animadas, no hay actores, solo personajes de dibujos animados.
My brother goes to the movies on Saturday afternoons with his friends.	Mi hermano va al cine los sábados por la tarde con sus amigos.
He goes to the matinee.	Va a la matiné.
He gets popcorn, candy and **pop**.	Consigue palomitas de maíz, dulces y **refrescos**.
He usually comes back with a stomach ache because he eats so much.	Suele volver con dolor de estómago porque come mucho.
Sometimes, my father watches documentaries.	A veces, mi padre ve ocumentales.
Documentaries are about real things.	Los documentales tratan sobre cosas reales.
You can learn a lot from watching a documentary.	Puedes aprender mucho viendo un documental.
I watch documentaries with him sometimes, but I would rather see a good action film.	A veces veo documentales con él, pero prefiero ver una buena película de acción.

¡Importante! para descargar archivos de audio. Por favor, Siga este enlace. myeverydayrepertoire.com

5.4 Travel - *Viaje*

It is fun to take a trip to a faraway place.	Es divertido hacer un viaje a un lugar lejano.
My brother just went to Italy and France.	Mi hermano acaba de ir a Italia y Francia.
He got on a plane at Toronto Airport.	Se subió a un avión en el aeropuerto de Toronto.
He took a flight to France.	Tomó un vuelo a Francia.
He stayed there for a couple of days.	Permaneció allí un par de días.
He visited the Eiffel Tower.	**Visitó la Torre Eiffel.**
He was in Paris.	Estaba en París.
He said that he enjoyed the food in France.	Dijo que disfrutaba de la comida en Francia.
He then traveled to Italy.	Luego viajó a Italia.
He saw many towns and villages in Italy.	Vio muchas ciudades y pueblos de Italia.
He went to Rome and visited many of the tourist attractions.	Fue a Roma y visitó muchas de las atracciones turísticas.
In Venice, he saw the canals.	En Venecia, vio los canales.
He tried to speak Italian, but he is not too good at it.	Trató de hablar italiano, pero no es muy bueno en eso.
He said that the people were very helpful.	Dijo que la gente fue muy gentil.
They tried to understand him.	Intentaron comprenderlo.
He bought souvenirs for us when he was in Italy.	Nos compró recuerdos cuando estuvo en Italia.
He ate Italian food.	Comió comida italiana.
He said that pizza in Italy is quite different from the pizza we eat here in Canada.	Dijo que la pizza en Italia es bastante diferente a la pizza que comemos aquí en Canadá.

¡Importante! para descargar archivos de audio. Por favor, Siga este enlace. myeverydayrepertoire.com

He saw many streets that were made of cobblestones.	Vio muchas calles que estaban hechas de adoquines.
He saw many old buildings.	Vio muchos edificios antiguos.
A lot of people in Italy travel around on scooters.	Mucha gente en Italia viaja en scooters.
He stayed at a very nice hotel in Italy.	Se alojó en un hotel muy bonito en Italia.
He was sorry when it was time to come home.	Lo lamentó cuando llegó el momento de volver a casa.
My brother likes to travel.	A mi hermano le gusta viajar.
He likes to fly in airplanes.	Le gusta volar en aviones.
The airlines lost his luggage once.	Las aerolíneas perdieron su equipaje una vez.
He was not too pleased about that.	No estaba muy contento con eso.
Next year, he would like to travel to England.	El año que viene le gustaría viajar a Inglaterra.

¡Importante! para descargar archivos de audio. Por favor, Siga este enlace. myeverydayrepertoire.com

5.5 Hobbies - Pasatiempos

A lot of people have hobbies. Hobbies are interesting things that people like to do in their spare time.	Mucha gente tiene Zasatiempos. Los pasatiempos son cosas interesantes que a la gente le gusta hacer en su tiempo libre.
My father has a hobby.	**Mi padre tiene un hobby.**
He has a model railroad set that he put together.	Tiene un modelo de ferrocarril que armó.
A tiny electric train runs through make-believe villages and travels through tunnels and over mountains.	Un pequeño tren eléctrico atraviesa pueblos de fantasía y atraviesa túneles y montañas.
My father also enjoys sailing.	A mi padre también le gusta navegar.
He has a real sailboat that he takes us out on.	Tiene un velero de verdad en el que nos lleva.
He is teaching me how to sail.	Me está enseñando a navegar.
I like to collect things.	Me gusta coleccionar cosas.
I collect comic books, stamps and coins.	Colecciono historietas, sellos y monedas.
I trade comic books with some of my friends, and sometimes I buy comic books at stores.	Cambio historietas con algunos de mis amigos y, a veces, compro historietas en las tiendas.
Some of the very old comic books are worth a lot of money.	Algunos de los libros de historietas más antiguos valen mucho dinero.
I have stamps from all over the world.	Tengo sellos de todo el mundo.
Whenever any of my friends get a letter from a faraway place, they save the stamps for me.	Siempre que alguno de mis amigos recibe una carta de un lugar lejano, me guardan los sellos.

¡Importante! para descargar archivos de audio. Por favor, Siga este enlace. myeverydayrepertoire.com

I have stamps from England, Japan, Australia and even Russia.	Tengo sellos de Inglaterra, Japón, Australia e incluso Rusia.
I use a magnifying glass to look at the stamps, and I keep them in a special album.	Utilizo una lupa para mirar los sellos y los guardo en un álbum especial.
I don't have too many coins yet, but I have a very old dime from Canada, and I have a coin with a hole in it from Africa.	Todavía no tengo demasiadas monedas, pero tengo una moneda de diez centavos muy vieja de España, y tengo una moneda con un agujero de África.
My mother used to collect dolls when she was a little girl.	Mi madre solía coleccionar muñecas cuando era pequeña.
The dolls wore costumes from different countries.	Las muñecas vestían disfraces de diferentes países.
My friend John's hobby is painting.	La afición de mi amigo John es pintar.
He does oil painting.	**Hace pintura al óleo.**
He has even sold some of his paintings.	Incluso ha vendido algunas de sus pinturas.
He is a good artist.	El es un buen artista.
My friend Linda sews.	Mi amiga Linda cose.
She has made clothes for herself and some of her friends.	Ha hecho ropa para ella y algunas de sus amigas.
Maybe Linda will be a fashion designer when she gets older.	Quizás Linda sea diseñadora de moda cuando sea mayor.
Sometimes people's hobbies lead them into their careers.	**A veces**, los pasatiempos de las personas los llevan a sus carreras.

5.6 **Television** - Televisión

Do you watch television?	¿Ves televisión?
My mother says that I watch too much television.	Mi madre dice que veo demasiada televisión.
I watch cartoons on Saturday mornings.	Veo dibujos animados los sábados por la mañana.
Cartoons make me laugh.	Las caricaturas me hacen reír.
My brother and I each have our favorite cartoons.	Mi hermano y yo tenemos nuestros dibujos animados favoritos.
We have trouble deciding which cartoons we will watch.	Tenemos problemas para decidir qué dibujos animados veremos.
On Saturday afternoons we like to watch sports.	Los sábados por la tarde nos gusta ver deportes.
My brother really likes to watch baseball, but usually my mother tells us to go out and play on a Saturday afternoon.	A mi hermano le gusta mucho ver béisbol, pero generalmente mi madre nos dice que salgamos a jugar un sábado por la tarde.
On week nights we have our own favorite shows.	Las noches de la semana tenemos nuestros propios programas favoritos.
I like shows about outer space and monsters.	Me gustan los programas sobre el espacio exterior y los monstruos.
My brother likes comedies.	A mi hermano le gustan las comedias.
He likes to laugh.	Le gusta reír.

¡Importante! para descargar archivos de audio. Por favor, Siga este enlace. myeverydayrepertoire.com

My mother likes shows about real life situations.	A mi madre le gustan los programas sobre situaciones de la vida real.
She likes to watch the news.	Le gusta ver las noticias.
She says that the news is important.	Ella dice que la noticia es importante.
She watches the news and weather to find out what is going on in the world.	Ella mira las noticias y el clima para enterarse de lo que sucede en el mundo.
Sometimes she watches real life shows about doctors or policemen.	A veces ve programas de la vida real sobre médicos o policías.
My father doesn't watch television.	Mi padre no mira televisión.
He says that he would rather read a good book or the newspaper.	Dice que prefiere leer un buen libro o el periódico.
My dad gets all his news from the newspaper.	Mi papá recibe todas sus noticias del periódico.
My favorite thing is to sit in front of the television with a bag of popcorn and a bottle of pop.	Lo que más me gusta es sentarme frente al televisor con una bolsa de palomitas y una botella de refresco.
I sit there and change the channels with the remote control.	Me siento ahí y cambio los canales con el mando a distancia.
I change channels and watch a few different shows at once.	Cambio de canal y veo algunos programas diferentes a la vez.
My mother won't let me watch too much television.	Mi madre no me deja ver demasiada televisión.
She doesn't want me to get lazy.	Ella no quiere que me vuelva perezoso.

¡Importante! para descargar archivos de audio. Por favor, Siga este enlace. myeverydayrepertoire.com

Television is good if you don't spend too much time watching it.	La televisión es buena si no dedica demasiado tiempo a mirarla.
You can learn a lot from television if you watch the educational channels.	Puedes aprender mucho de la televisión si miras los canales educativos.
I learned about dinosaurs and rainforests last week just from watching television.	Aprendí sobre los dinosaurios y las selvas tropicales la semana pasada simplemente viendo la televisión.

5.7 The Museum - *El Museo*

The museum was very interesting.	El museo fue muy interesante.
There were so many things in the museum that I would need more time to really see everything.	Había tantas cosas en el museo que necesitaría más tiempo para verlo todo.
There were clothes from the past.	Había ropa del pasado.
I don't know how people wore some of those things.	No sé cómo la gente usaba algunas de esas cosas.
They look like they would be uncomfortable.	Parece que se sentirían incómodos.
I like to wear my jeans.	Me gusta usar mis jeans.
There were things from wars.	Había cosas de guerras.
There were bullets, and cannons and even uniforms from the soldiers.	Hubo balas, cañones e incluso uniformes de los soldados.
I don't think that war is a good thing, but it is good to remember the past and honor the people who died for your country.	No creo que la guerra sea algo bueno, pero es bueno recordar el pasado y honrar a las personas que murieron por su país.

¡Importante! para descargar archivos de audio. Por favor, Siga este enlace. myeverydayrepertoire.com

There was an old fire truck at the museum.	Había un viejo camión de bomberos en el museo.
This fire truck was pulled by a horse.	Este camión de bomberos fue tirado por un caballo.
There were some very old photographs of the firemen putting out fires.	Había algunas fotografías muy antiguas de los bomberos apagando incendios.
There were rooms in the museum that were set up like an old house.	Había salas en el museo que se construyeron como una casa antigua.
There were antique irons and sewing machines.	Había planchas antiguas y máquinas de coser.
The women used to clean the clothes with a washboard.	Las mujeres solían limpiar la ropa con una tabla de lavar.
There were no modern appliances back then.	Entonces no había electrodomésticos modernos.
I'm glad that we have electricity and modern appliances.	Me alegro de que tengamos electricidad y electrodomésticos modernos.
The things that we have make life so much easier.	Las cosas que tenemos nos hacen la vida mucho más fácil.
There were mummies from Egypt at the museum.	Había momias de Egipto en el museo.
I was fascinated by those.	Me fascinaron esos.
There were artifacts from the Indians.	Había artefactos de los indios.
There were arrowheads and cradles that the babies slept in.	Había puntas de flecha y cunas en las que dormían los bebés.
I tried my best to see everything, but it was almost impossible.	Hice lo mejor que pude para verlo todo, pero fue casi imposible.
The museum is a good place to learn about your past.	El museo es un buen lugar para aprender sobre su pasado.

¡Importante! para descargar archivos de audio. Por favor, Siga este enlace. myeverydayrepertoire.com

| I tried to imagine my grandparents using some of the things that were on display at the museum. | Traté de imaginar a mis abuelos usando algunas de las cosas que estaban en exhibición en el museo. |

6 CAPÍTULO: HOUSE - Casa
Vocabulary Overview Resumen de vocabulario

House	Casa
To Live	Vivir
Small	Pequeño
Bedroom	Dormitorio
To Sleep	Dormir
In	En
To Share	Compartir
Other	Otro
Kitchen	Cocina
To Cook	Cocinar
Dinner	Cena
Closet	Armario
Basement	Sótano
Wood Furniture	Muebles de madera
Floor	Piso

¡Importante! para descargar archivos de audio. Por favor, Siga este enlace. myeverydayrepertoire.com

Backyard	Patio trasero
Maple Tree	Arce
Swimming	Natación
In Front Of	Delante de
Neighbor	Vecino
To Water	Enjuaguar
House Work	Trabajo de casa
Always	Siempre
Windows	Windows
Outside	Afuera
To Vacuum	Aspirar
To Be Waxed	Ser encerado
To Be Polished	Ser pulido
To Keep Clean	Mantener limpio
Laundry	Lavandería
To Be Dried	Para secar
Dryer	Secadora
To Hang	Colgar
Iron	Hierro
Dishes	Platos
To Pile Up	Apilar
To Wipe	limpiar

¡Importante! para descargar archivos de audio. Por favor, Siga este enlace. myeverydayrepertoire.com

Counters	Contadores
Stove	Estufa
Cupboard	Armario
To Dust	despolvar
To Sweep Up	Barrer
Bed	Cama
Sheet	Hoja
Living Room	Sala de estar
Cough	Tos
Chairs	Sillas
Sink	Fregadero
Dishwasher	Lavaplatos
Kitchen Table	Mesa de cocina
Dining Room	Comedor
Washroom Or Bathroom	Aseo o cuarto de baño
Bathtub	Bañera
Dressers	Cómodas
Farm	Granja
Farmer	Granjero
Barn	Granero
Horses	Caballos
Cows	Vaca

¡Importante! para descargar archivos de audio. Por favor, Siga este enlace. myeverydayrepertoire.com

To Swish Away From	Alejarse de
Tail	Cola
Grass	Hierba
Saddle	Sillín
Ride	Ride
Kitchen	Cocina
Inside	Interior
Oven	Horno
To Bake	Hornear
Cake	Pastel
Burners	Quemadores
To Store	Almacenar
To Keep	Mantener
Freezer	Congelador
To Freeze	Congelar
Toaster	Tostadora
Kettle	Hervidor
Sink	Fregadero
Dish	Plato
Knives	Cuchillos
Spoon	Cuchara
Fork	Tenedor

¡Importante! para descargar archivos de audio. Por favor, Siga este enlace. myeverydayrepertoire.com

Plate	Tenedor
Bowl	Plato
Cup	Copa
Coffee Mug	Taza de café
Glass	Vidrio
Jug	Jarra
Pitcher	Lanzador
House	Casa
Storey	Piso
The Bottom Of	La parte inferior de
To Paint	Pintar
Upper	Superior
Chimney	Chimenea
Through	A través de Par
The Front	El frente
Living Room	Sala de estar
Upstairs	Arriba
Ruffled	Volantes
Curtain	Cortina
Pine Tree	Pino
Yard	Patio
Blind	Ciego

¡Importante! para descargar archivos de audio. Por favor, Siga este enlace. myeverydayrepertoire.com

Bunk Bed	Litera
Fence	Valla
Gate	Puerta
Laundry Room	Cuarto de lavado
Win	Ganar
Garden	Jardín
To Smell	Oler
Rose	Rosa Rosa
Bushes	Arbustos
Get Rid Of	Deshacerse de
Bug	Insecto
Sunflower	Girasol
Seed	Semilla
Birdbath	Bebedero para pájaros
Blackbird	Mirlo
Swallow	Tragar
Dirt	Sucieda
Holes	Agujeros
Ant	Hormiga
To Bring	Traer
Nest	Nido
Snail	Caracol
To Carry	Llevar

¡Importante! para descargar archivos de audio. Por favor, Siga este enlace. myeverydayrepertoire.com

Silver	Plata
Trail	Camino/Sendero/rastro
Leaf	Hoja
To Pick	Elegir
Pea Raw	Guisante Crudo
Pod	Capullo
Lettuce	Lechuga
Tomato	Tomate
Neighbour	Vecino
To Send	Para enviar
To Grow	Crecer
Earth	Tierra
To Pull	Para tirar
Under	Bajo
Above	Arriba
Weed	Hierba
Herbes	Hierbas
Rainfall	Precipitaciones
To Seem	Para parecer
To Spring	Hacia la primavera
Roots	Raíces
Won't	Futuro (negacion)

¡Importante! para descargar archivos de audio. Por favor, Siga este enlace. myeverydayrepertoire.com

Roommate	Compañero de cuarto
Wanted	Se busca
Spacious	Espacioso
Quiet	Tranquilo
Non-Smoker	No fumador
Available	Disponible
To Train	Entrenar
Bathroom	Baño
Bathtub	Bañera
Wall	Muro
Shower Head	Cabezal de ducha
Curtain Hanging	Colgante de cortina
Rod	Varilla
Soap	Jabón
Rock	Roca
Washcloth	Toallita
Face Clothe	Ropa facial
Drain	Drenaje - Escurridor
Plug	Enchufe
To Pull	Tirar
To Swoosh Out	Tirar Hacia afuera
Toilet Tissue	Papel higiénico

¡Importante! para descargar archivos de audio. Por favor, Siga este enlace. myeverydayrepertoire.com

Medicine Cabine	Gabinete de medicina
Toothpaste	Pasta de dientes
Makeup	Maquillaje
To Wear	Llevar
Hair Spray	Spray para el cabello
Brush	Cepillo
Comb	Peine
Dental Floss	Hilo dental
Teeth	Dientes
To Line Up	Alinear
Bedroom	Dormitorio
Soft	Suave
Bedspread	Colcha
Sheet	Sabana
Blanket	Manta
Feather Pillows	Almohadas de plumas
Pillow Case	Funda de almohada
Dresser	Cómoda
Mirror	Espejo
Picture Frame	Cuadro
To Wake Up	Despertar
Drawer	Cajón

¡Importante! para descargar archivos de audio. Por favor, Siga este enlace. myeverydayrepertoire.com

Deep	Profundo
Hangers	Perchas
Cozy	Cómodo
Town /City	Ciudad
Apartment Building	Edificio de apartamentos
Dormitory	Dormitorio
To Share	Compartir
To Catch	Atrapar
Floor	Piso
Trailer	Tráiler
Cottage	Casa de campo
Retirement	Jubilación/ el retiro

¡Importante! para descargar archivos de audio. Por favor, Siga este enlace. myeverydayrepertoire.com

6.1 My House - *Mi casa*

I live in a house.	Vivo en una casa.
My house is small.	Mi casa es pequeña.
My house has two bedrooms.	Mi casa tiene dos dormitorios.
My Mom and Dad sleep in one bedroom.	Mi mamá y mi papá duermen en un dormitorio.
My sister and I share the other bedroom.	Mi hermana y yo compartimos el otro dormitorio.
My house has a kitchen.	Mi casa tiene cocina.
My Mom and Dad cook dinner there every night.	Mi mamá y mi papá preparan la cena allí todas las noches.
My house has a living room.	Mi casa tiene sala de estar.
My family watches television there every night.	Mi familia ve la televisión allí todas las noches.
My house has a big bathroom.	Mi casa tiene un baño grande.
My house has a lot of closets.	Mi casa tiene muchos armarios.
My house has a basement.	Mi casa tiene sótano.
My Dad has a workshop in the basement.	Mi papá tiene un taller en el sótano.
My Dad makes wood furniture.	Mi papá hace muebles de madera.
My house does not have a second floor.	Mi casa no tiene un segundo piso.
My house has a garage.	Mi casa tiene garaje.

¡Importante! para descargar archivos de audio. Por favor, Siga este enlace. myeverydayrepertoire.com

My house has a big backyard.	Mi casa tiene un gran patio trasero.
My backyard has a maple tree.	Mi patio trasero tiene un arce.
My backyard has a swimming pool.	Mi patio trasero tiene piscina.
My backyard has a vegetable garden.	Mi patio trasero tiene un huerto.
My family likes our house.	A mi familia le gusta nuestra casa.

¡Importante! para descargar archivos de audio. Por favor, Siga este enlace. myeverydayrepertoire.com

6.2 My Flower Garden - *Mi Jardín de flores*

My name is Anne.	Mi nombre es Anne.
I love flowers.	Amo las flores.
I have a flower garden.	Tengo un jardín de flores.
My garden is in front of my house.	Mi jardín está frente a mi casa.
My neighbour has a garden too.	Mi vecino también tiene un jardín.
My garden has different types of flowers.	Mi jardín tiene diferentes tipos de flores.
I have roses in my garden.	Tengo rosas en mi jardín.
I have tulips in my garden.	Tengo tulipanes en mi jardín.
I have petunias in my garden.	Tengo petunias en mi jardín.
My garden has different colours.	Mi jardín tiene diferentes colores.
I plant red flowers.	Planto flores rojas.
I plant orange flowers.	Planto flores de naranja.
I plant blue flowers.	Planto flores azules.
I plant purple flowers.	Planto flores moradas.
I take care of my garden.	Cuido mi jardín.
I water my garden every day.	Riego mi jardín todos los días.
I kill the weeds in my garden.	Corto las malas hierbas de mi jardín.
I kill insects that eat my flowers.	Mato insectos que se comen mis flores.
I love my beautiful garden.	Amo mi hermoso jardín.

¡Importante! para descargar archivos de audio. Por favor, Siga este enlace. myeverydayrepertoire.com

6.3 Housework - *Tareas del hogar*

There is always housework to do when you live in a house.	Siempre hay que hacer doméstico cuando vives en una casa.
You have to wash the windows so that you can see outside.	Tienes que lavar las ventanas para poder ver el exterior.
The floors and the carpets need to be vacuumed.	Hay que aspirar los suelos y las alfombras.
The floors also need to be washed, and some of them need to be waxed.	Los pisos también deben lavarse y algunos de ellos deben encerarse.
The furniture has to be polished.	Los muebles deben estar pulidos.
The bathroom has to be kept clean.	El baño debe mantenerse limpio.
After you have a bath, you need to clean out the bathtub.	Después de bañarse, debe limpiar la bañera.
Laundry needs to be done regularly, or you will run out of clothes to wear.	La ropa debe lavarse con regularidad o se quedará sin ropa para usar.
The clothes go into the washing machine, and then they have to be dried in the dryer.	La ropa va a la lavadora y luego debe secarse en la secadora.
Sometimes, we hang the clothes out on the line to be dried.	A veces, colgamos la ropa en el tendedero para que se seque.
Some of the clothes need to be ironed.	Algunas prendas necesitan plancharse.
You have to buy groceries and put them away.	Tienes que comprar alimentos y guardarlos.
Meals need to be made.	Es necesario preparar las comidas.
You can't let the dishes pile up in the kitchen.	No puedes dejar que los platos se amontonen en la cocina.

¡Importante! para descargar archivos de audio. Por favor, Siga este enlace. myeverydayrepertoire.com

The dishes have to be washed, and the counters need to be wiped.	Los platos deben lavarse y las encimeras deben limpiarse.
The stove needs to be cleaned, and sometimes the refrigerator and the cupboards need to be cleaned out.	Es necesario limpiar la estufa y, a veces, es necesario limpiar el frigorífico y los armarios.
You can dust the furniture and sweep up the dirt.	Puede desempolvar los muebles y barrer la suciedad.
You can make the beds.	Puedes hacer las camas.
The beds have to be changed too.	Las camas también deben cambiarse.
They need to have clean sheets put on them.	Necesitan que les pongan sábanas limpias.
There are just so many things to do.	Hay tantas cosas que hacer.
Household chores take up a lot of time.	Las tareas del hogar requieren mucho tiempo.

¡Importante! para descargar archivos de audio. Por favor, Siga este enlace. myeverydayrepertoire.com

6.4 House - *CASA*

A house is divided into different rooms.	Una casa se divide en diferentes estancias.
In my house, there is a living room.	En mi casa hay una sala de estar.
There is a couch, two chairs, a coffee table and a television set in the living room.	Hay un sofá, dos sillas, una mesa de café y un televisor en la sala de estar.
In the kitchen, there is a stove and a refrigerator.	En la cocina, hay una estufa y un refrigerador.
There is also a sink and a dishwasher in the kitchen.	También hay un fregadero y un lavavajillas en la cocina.
There is a kitchen table and chairs.	Hay una mesa y sillas de cocina.
We eat most of our meals at the kitchen table.	Comemos la mayoría de nuestras comidas en la mesa de la cocina.
We have a dining room.	Contamos con un comedor.
There is a dining table and chairs in there.	Hay una mesa de comedor y sillas allí.
There is a washroom or bathroom.	Hay un aseo o baño.
There is a toilet, sink and bathtub in the bathroom.	Hay un inodoro, lavabo y bañera en el baño.
There is also a shower in the bathroom.	También hay una ducha en el baño.
We have three bedrooms.	Disponemos de tres habitaciones.
The bedrooms are upstairs.	Los dormitorios están arriba.
My brother's room, my room and my parent's room all have beds in them.	La habitación de mi hermano, mi habitación y la habitación de mis padres tienen camas.

¡Importante! para descargar archivos de audio. Por favor, Siga este enlace. myeverydayrepertoire.com

We also have dressers in our rooms.	También contamos con aparadores en nuestras habitaciones.
There are closets in all of the bedrooms.	Hay armarios en todos los dormitorios.
We keep our clothes in the closets.	Guardamos nuestra ropa en los armarios.
There is a basement in our house.	Hay un sótano en nuestra casa.
We store things in the basement.	Almacenamos cosas en el sótano.
There is a laundry room in the basement.	Hay un lavadero en el sótano.
There is a washing machine and a dryer in the laundry room.	Hay una lavadora y una secadora en el lavadero.
This is where we wash and dry our clothes.	Aquí es donde lavamos y secamos nuestra ropa.
There is a garage attached to the house.	Hay un garaje adjunto a la casa.
We keep the car in the garage.	Guardamos el coche en el garaje.
You drive up the driveway and into the garage.	Conduces por el camino de entrada y entras en el garaje.
We also have a front yard and a back yard.	También tenemos un patio delantero y un patio trasero.
There is a vegetable garden in the back yard.	Hay un huerto en el patio trasero.
There are some flowers and a tree planted in the front yard.	Hay algunas flores y un árbol plantado en el patio delantero.

¡Importante! para descargar archivos de audio. Por favor, Siga este enlace. myeverydayrepertoire.com

6.5 The Farm - *La granja*

My uncle is a farmer.	Mi tío es granjero.
He lives on a farm.	Vive en una granja.
He has many different types of animals.	Tiene muchos tipos diferentes de animales.
In the barn, there are horses and cows.	En el establo hay caballos y vacas.
The cows swish the flies away from themselves with their tails.	Las vacas alejan a las moscas de sí mismas con la cola.
It sounds very loud if a cow says "**moo**" when you are standing there.	Suena muy fuerte si una vaca dice "**muu**" cuando estás parado allí.
The cows eat the grass from my uncle's field.	Las vacas comen la hierba del campo de mi tío.
He gets milk from the cows.	Obtiene leche de las vacas.
I put a saddle on one of the horses and went for a ride.	Le puse una silla a uno de los caballos y fui a dar un paseo.
There are pigs in the pigpen.	Hay cerdos en la pocilga.
He has goats.	Tiene cabras.
He says that the goats will eat just about anything.	Dice que las cabras comen casi cualquier cosa.
He has a chicken coop with chickens in it.	Tiene un gallinero con pollos.
The chickens lay eggs.	Las gallinas ponen huevos.
Have you ever seen baby chicks? They are very cute.	**¿Alguna vez has visto pollitos? Son muy lindos.**
My uncle collects the eggs every morning.	Mi tío recoge los huevos todas las mañanas.
There is a rooster too.	También hay un gallo.
The rooster crows when the sun comes up.	El gallo canta cuando sale el sol.

¡Importante! para descargar archivos de audio. Por favor, Siga este enlace. myeverydayrepertoire.com

My uncle also has a goose.	Mi tío también tiene un ganso.
The goose makes a honking noise.	El ganso hace un sonido de bocina.
I don't think that the goose likes me.	No creo que le guste al ganso.
It nips me when I go near it.	Me muerde cuando me acerco a él.
Many cats live in my uncle's barn.	Muchos gatos viven en el granero de mi tío.
They are stray cats, but he lets them stay there because they keep the mice away.	Son gatos callejeros, pero él los deja quedarse allí porque mantienen alejados a los ratones.
My uncle feeds the cats.	Mi tío alimenta a los gatos.
My uncle says that he would like to get some sheep for his farm.	Mi tío dice que le gustaría conseguir algunas ovejas para su granja.
You can get wool from sheep.	Puedes obtener lana de oveja.
There are a lot of animals on my uncle's farm.	Hay muchos animales en la granja de mi tío.

¡Importante! para descargar archivos de audio. Por favor, Siga este enlace. myeverydayrepertoire.com

6.6 The Kitchen - *La cocina*

The kitchen is where we make and eat our meals.	La cocina es donde preparamos y comemos nuestras comidas.
There is a stove in the kitchen.	Hay una estufa en la cocina.
Inside the stove there is an oven where you bake things.	Dentro de la estufa hay un horno donde horneas cosas.
You can put a cake into the oven to bake.	Puedes poner un pastel en el horno para hornear.
On top of the stove are burners.	Encima de la estufa hay quemadores.
The burners get hot.	Los quemadores se calientan.
You put pots or pans on the burners.	Pones ollas o sartenes en los quemadores.
The refrigerator is where we store the food that needs to be kept cold.	El refrigerador es donde almacenamos los alimentos que deben mantenerse fríos.
We keep milk, eggs, cheese and vegetables in the refrigerator.	Guardamos leche, huevos, queso y verduras en el frigorífico.
At the top of the refrigerator is the freezer.	En la parte superior del refrigerador está el congelador.
The freezer keeps things frozen.	El congelador mantiene las cosas congeladas.
We have frozen vegetables, ice cream and ice cubes in the freezer.	Tenemos verduras congeladas, helados y cubitos de hielo en el congelador.
We have a toaster in the kitchen.	Tenemos tostadora en la cocina.
You put the bread in the toaster, and it turns into toast.	Pones el pan en la tostadora y se convierte en tostada.
We have an electric kettle.	Disponemos de hervidor eléctrico.
We boil water to make tea in the kettle.	Hervimos agua para hacer té en la tetera.

¡Importante! para descargar archivos de audio. Por favor, Siga este enlace. myeverydayrepertoire.com

There is a double sink in the kitchen. That is where we wash the dishes.	Hay un fregadero doble en la cocina. Ahí es donde lavamos los platos.
We turn on the hot tap, and put some dish detergent into the sink to wash the dishes.	Abrimos el grifo de agua caliente y echamos un poco de detergente para platos en el fregadero para lavar los platos.
Sometimes we put the dishes into the dishwasher, and the dishwasher washes the dishes.	A veces ponemos los platos en el lavavajillas y el lavavajillas lava los platos.
There are other things in the kitchen.	Hay otras cosas en la cocina.
There are utensils like knives, forks and spoons.	Hay utensilios como cuchillos, tenedores y cucharas.
There are tea towels and dish clothes.	Hay paños de cocina y paños de cocina.
There are oven mitts and pot holders to take hot things out of the oven.	Hay guantes de cocina y agarraderas para sacar cosas calientes del horno.
There are pots to cook and boil things in.	Hay ollas para cocinar y hervir.
There are pans to fry things.	Hay sartenes para freír cosas.
We have dishes that we eat from.	Tenemos platos de los que comemos.
We have plates for our dinner, and bowls that we can put our soup in.	Tenemos platos para la cena y cuencos en los que podemos poner nuestra sopa.
We drink from cups, or coffee mugs, or glasses.	Bebemos de tazas, tazas de café o vasos.
We keep our juice in a pitcher or a jug.	Guardamos nuestro jugo en una jarra o jarra.
There is a timer that you can set when you are cooking.	Hay un temporizador que puede configurar mientras cocina.

¡Importante! para descargar archivos de audio. Por favor, Siga este enlace. myeverydayrepertoire.com

The timer buzzes when the food is ready.	El temporizador suena cuando la comida está lista.
We also have a microwave oven in the kitchen.	También tenemos un horno de microondas en la cocina.
If we are in a hurry, we cook our food in the microwave.	Si tenemos prisa, cocinamos nuestra comida en el microondas.

6.7 My House - *Mi Casa*

I live in a two-story house.	Vivo en una casa de dos pisos.
The bottom of the house is painted white.	El fondo de la casa está pintado de blanco.
The upper part of the house is made of red brick.	La parte superior de la casa es de ladrillo rojo.
The chimney is also made of red brick.	La chimenea también está hecha de ladrillo rojo.
If you go through the front door and turn right, you'll see the living room.	Si atraviesa la puerta principal y gira a la derecha verá la sala de estar.
The living room is very large and comfortable.	El living es muy amplio y cómodo.
There are easy chairs, a coffee table and a sofa in there.	Hay sillones, una mesa de café y un sofá allí.
I like to sit in there and relax.	Me gusta sentarme y relajarme.
Next to the living room is the dining room.	Junto al salón está el comedor.
There are a dining table and chairs in there.	Hay una mesa de comedor y sillas allí.
We use this room whenever we have visitors over for dinner.	Usamos esta sala cada vez que tenemos visitas a cenar.
Beside the dining room is the kitchen.	Junto al comedor se encuentra la cocina.

¡Importante! para descargar archivos de audio. Por favor, Siga este enlace. myeverydayrepertoire.com

The kitchen has a stove and a refrigerator in it there is also a kitchen table with some benches at it.	La cocina tiene una estufa y un refrigerador, también hay una mesa de cocina con algunos bancos.
Most of the time we eat in the kitchen.	La mayor parte del tiempo comemos en la cocina.
Upstairs there are three bedrooms.	Arriba hay tres dormitorios.
My parents' bedroom is very big.	El dormitorio de mis padres es muy grande.
They have a large queen sized bed in there, and there are two closets for their clothes.	Tienen una gran cama de matrimonio y hay dos armarios para la ropa.
My room is smaller.	Mi habitación es más pequeña.
My room is **painted pink**, and I have ruffled curtains on the windows.	Mi habitación está **pintada de rosa** y tengo cortinas con volantes en las ventanas.
From my bedroom window you can see the front yard.	Desde la ventana de mi habitación se puede ver el patio delantero.
There is a pine tree in the front yard.	Hay un pino en el patio delantero.
My brother's bedroom is painted blue.	El dormitorio de mi hermano está pintado de azul.
He has blinds on the windows.	Tiene persianas en las ventanas.
He has a bunk bed in his room.	Tiene una litera en su habitación.
If he has a friend stay over, one of them can sleep on the top bunk, and the other one can sleep on the bottom bunk.	Si tiene un amigo que se queda a dormir, uno de ellos puede dormir en la litera de arriba y el otro puede dormir en la litera de abajo.
He can see the back yard from his bedroom window.	Puede ver el patio trasero desde la ventana de su dormitorio.

¡Importante! para descargar archivos de audio. Por favor, Siga este enlace. myeverydayrepertoire.com

There are rose bushes and a picnic table in the back yard.	Hay rosales y una mesa de picnic en el patio trasero.
There is also a white fence that has gate in it.	También hay una valla blanca que tiene una puerta.
In the basement there is a recreation room.	En el sótano hay una sala de recreo.
This is where we watch television and have friends over to visit.	Aquí es donde vemos la televisión e invitamos a amigos a visitarnos.
The laundry room is also in the basement.	El lavadero también se encuentra en el sótano.
There are a washing machine and a dryer in there.	Hay una lavadora y una secadora allí.
Beside our house is a garage.	Junto a nuestra casa hay un garaje.
We keep the car in the garage whenever the weather is bad.	Dejamos el coche en el garaje cuando hace mal tiempo.
Our house is just the right size for our family.	Nuestra casa tiene el tamaño perfecto para nuestra familia.
Friends are always welcome at our house.	Los amigos siempre son bienvenidos en nuestra casa.

6.8 The Garden - *El jardín*

The garden is very interesting.	El jardín es muy interesante.
I sometimes go outside and I watch all the things that go on in the garden.	A veces salgo y miro todas las cosas que suceden en el jardín.
It smells wonderful in the flower garden.	Huele maravilloso en el jardín de flores.
There are red, white, pink and yellow roses that have a sweet smell.	Hay rosas rojas, blancas, rosadas y amarillas que tienen un olor dulce.
I watch the bees as they take pollen from the roses.	Observo a las abejas mientras toman polen de las rosas.
There are tiny bugs that live on the rose bushes.	Hay pequeños insectos que viven en los rosales.
My mother tries to get rid of the little bugs, but it is difficult to get rid of them.	Mi madre intenta deshacerse de los pequeños bichos, pero es difícil deshacerse de ellos.
She is glad to see the red **ladybugs**, who eat the little **bugs**.	Ella se alegra de ver las **mariquitas** rojas, que se comen a los pequeños **insectos**.
The birds like the sunflowers.	A **los pájaros** les gustan los girasoles.
They like to eat sunflower seeds.	Les gusta comer semillas de girasol.
There is a birdbath in the garden.	Hay un bebedero para pájaros en el jardín.
The blackbirds and swallows go in there to take a drink or have a bath.	Los mirlos y las golondrinas entran allí para tomar una copa o darse un baño.

¡Importante! para descargar archivos de audio. Por favor, Siga este enlace. myeverydayrepertoire.com

I sometimes see a robin or a blue jay in there too. In the dirt there are little holes where the ants go in and out.	A veces también veo un petirrojo o un arrendajo azul. En la tierra hay pequeños agujeros por donde entran y salen las hormigas.
The ants are hard workers. I watch them as they work together as a team to bring food to their nests. There are snails in the garden too. They carry their homes on their backs.	Las hormigas son trabajadoras. Los observo mientras trabajan juntos como un equipo para llevar comida a sus nidos. También hay caracoles en el jardín. Llevan sus casas a la espalda.
They move slowly and leave a silvery trail as they go.	Se mueven lentamente y dejan un rastro plateado a medida que avanzan.
They eat the leaves from my mother's plants. My mother also has vegetables growing in her garden. She grows green peas. We like to pick those and eat the peas raw, right out of their pods.	Se comen las hojas de las plantas de mi madre. Mi madre también cultiva verduras en su jardín. Ella cultiva guisantes. Nos gusta recogerlos y comer los guisantes crudos, directamente de sus vainas.
She grows lettuce and tomatoes too. We have so many tomatoes that we always give some to our neighbors. My mother sends us outside to pick lettuce and tomatoes whenever we have a salad.	También cultiva lechugas y tomates. Tenemos tantos tomates que siempre les damos algunos a nuestros vecinos. Mi madre nos manda afuera a recoger lechugas y tomates cada vez que comemos ensalada.

¡Importante! para descargar archivos de audio. Por favor, Siga este enlace. myeverydayrepertoire.com

My favorite vegetables are carrots.	Mis verduras favoritas son las zanahorias.
Their tops grow above the earth, but the carrots are below the dirt.	Sus copas crecen por encima de la tierra, pero las zanahorias están debajo de la tierra.
When you pick them, you have to pull the carrots out from under the soil.	Cuando las recoja, debe sacar las zanahorias de debajo del suelo.
Weeds also grow in the garden.	Las malas hierbas también crecen en el jardín.
After a good rainfall, it seems that the weeds just spring up.	Después de una buena lluvia, parece que las malas hierbas brotan.
I pull the weeds out by their roots so that they won't grow back.	Arranco las malas hierbas de raíz para que no vuelvan a crecer.
Weeds choke the good plants, so we don't want them in our garden.	Las malas hierbas ahogan las plantas buenas, por lo que no las queremos en nuestro jardín.
Gardening is a good hobby.	La jardinería es un buen pasatiempo.
You get fresh air, sunshine and exercise.	Obtienes aire fresco, sol y ejercicio.
You even get beautiful, colorful flowers and nice fresh food.	Incluso obtienes hermosas flores coloridas y buena comida fresca.

¡Importante! para descargar archivos de audio. Por favor, Siga este enlace. myeverydayrepertoire.com

6.9 Roommate Wanted
Se Busca Compañero de cuarto

Spacious two bedroom apartment with kitchen facilities. On the bus route to Brock University. Looking for quiet female roommate.
Must be a non-smoker.
Available from Sept. 1.

$300 a month.
Hydro is included.
Call Barb after 5.
905-111-1111

Amplio apartamento de dos dormitorios con cocina. En la ruta de autobús a la Universidad de Brock. Buscando compañera de piso tranquila.
Debe ser no fumador.
Disponible a partir del 1 de septiembre.

$ 300 al mes.
Hydro está incluido.
Llama a Barb después de las 5.
905-111-1111

For Sale
Ten speed men's bike for sale.

Excellent condition.
$100 or best offer.
Call Fred 905-111-1111

En venta
Se vende bicicleta de diez velocidades para hombre.

Excelente condición.
$ 100 o la mejor oferta.
Llame a Fred 905-111-1111

Apartment for Rent
Three-bedroom apartment in the downtown area.
$450 a month.
Within walking distance to stores and bus route.
Utilities not included.
Call (905) 111-1111.

Se renta apartamento
Piso de tres habitaciones en zona centro.
$ 450 al mes.
A poca distancia de tiendas y ruta de autobús.
Utilidades no incluidas.
Llame al (985) 111-1111.

¡Importante! para descargar archivos de audio. Por favor, Siga este enlace. myeverydayrepertoire.com

Please leave a message on the machine, and I will get back to you.

Roommate Wanted

Responsible, quiet roommate wanted to share two bedroom apartments.
Some furniture included.
First and last month's rent required.

$300 a month.
Utilities included.
Call before 6.
905-111-1111
Ask for George.

Help Wanted

Friendly reliable person wanted to work part time hours at shoe store.
No experience necessary.
We will train you.
Please leave resume at Friendly Feet Shoe Store,
34 Main Street, Niagara Falls.

For Sale

Textbooks for sale.
Included are 2nd year English and American history texts.
 Excellent condition.

Deje un mensaje en la máquina y me pondré en contacto con usted.

Se busca compañero de cuarto

Un compañero de cuarto responsable y tranquilo quería compartir apartamentos de dos habitaciones.
Algunos muebles incluidos.
Se requiere el primer y último mes de alquiler.

$ 300 al mes.
Utilidades incluidas.
Llame antes de las 6.
985-111-1111
Pregunta por George.

Se busca ayudante

Una persona amable y confiable quería trabajar a tiempo parcial en una zapatería.
No se requiere experiencia.
Te entrenaremos.
Deje el currículum en la tienda de zapatos al,
34 Main Street, Niagara Falls.

En venta

Venta de libros de texto.
Se incluyen textos de segundo año en inglés y de historia estadounidense.
Excelente condición.

¡Importante! para descargar archivos de audio. Por favor, Siga este enlace. myeverydayrepertoire.com

For complete list of texts, call Marie at (905) 111-1111 any time after 5.	Para obtener la lista completa de mensajes de texto, llame a Marie al (905) 111-1111 en cualquier momento después de las 5.
Upper Half of Duplex for Rent Within walking distance to Brock University. Two bedrooms and balcony. Laundry facilities in basement.	Mitad superior de dúplex en alquiler A poca distancia de la Universidad de Brock. Dos dormitorios y balcón. Instalaciones de lavandería en el sótano.
Very spacious and clean. Hydro not included. References required. $700 per month. Call 905-111-1111 and ask for Mr. Bridges	Muy espacioso y limpio. Hydro no incluido. Referencias requeridas. $ 700 por mes. Llame al 985-111-1111 y pregunte por Señor Bridges.

¡Importante! para descargar archivos de audio. Por favor, Siga este enlace. myeverydayrepertoire.com

6.10 The Bathroom - *El Cuarto de baño*

There is a bathtub in my bathroom.	Hay una bañera en mi baño.
On the wall over the bathtub there is a shower head.	En la pared sobre la bañera hay un cabezal de ducha.
We have a shower curtain hanging on the rod over the bathtub.	Tenemos una cortina de ducha colgada de la barra sobre la bañera.
If we want to take a shower, we close the curtain.	Si queremos darnos una ducha, cerramos la cortina.
There is soap and shampoo in the bathroom.	Hay jabón y champú en el baño.
The soap is used for washing yourself, and the shampoo is used to wash your hair.	El jabón se usa para lavarse usted mismo y el champú se usa para lavarse el cabello.
Towels are hanging on racks.	Las toallas cuelgan de las rejillas.
There are washcloths or face cloths to wash yourself with.	Hay toallitas o paños faciales para lavarse.
The sink has hot and cold taps.	El fregadero tiene grifos de agua fría y caliente.
There is a plug for the drain.	Hay un tapón para el desagüe.
When you pull the plug, the water runs out of the sink.	Cuando tira del enchufe, el agua sale del fregadero.
There is a toilet in the bathroom.	Hay un inodoro en el baño.
When you flush the toilet, the water swooshes out of it.	Cuando tira del inodoro, el agua sale de él.
There is toilet tissue hanging beside the toilet.	Hay papel higiénico colgado al lado del inodoro.
We keep other things in the bathroom too.	También guardamos otras cosas en el baño.

¡Importante! para descargar archivos de audio. Por favor, Siga este enlace. myeverydayrepertoire.com

There is a medicine cabinet which holds pain killers, toothpaste and makeup.	Hay un botiquín que contiene analgésicos, pasta de dientes y maquillaje.
My mother likes to wear a lot of makeup on her face.	A mi madre le gusta maquillarse mucho la cara.
There is also hair spray and gel.	También hay laca y gel para el cabello.
There are brushes and combs for our hair.	Hay cepillos y peines para nuestro cabello.
There are toothbrushes and dental floss for our teeth.	Hay cepillos de dientes e hilo dental para nuestros dientes.
We only have one bathroom, so we line up to use it.	Solo tenemos un baño, así que hacemos cola para usarlo.
It is good to have more than one bathroom in a house.	Es bueno tener más de un baño en una casa.

¡Importante! para descargar archivos de audio. Por favor, Siga este enlace. myeverydayrepertoire.com

6.11 **The Bedroom** - *El Dormitorio*

My bed is nice and soft.	Mi cama es bonita y suave.
I have a pretty bedspread on my bed.	Tengo una bonita colcha en mi cama.
I have sheets and a blanket on my bed also.	También tengo sábanas y una manta en mi cama.
I use two feather pillows.	Utilizo dos almohadas de plumas.
My pillows have pillowcases on them.	Mis almohadas tienen fundas de almohada.
My dresser has a mirror on it.	Mi tocador tiene un espejo.
I have a lamp on top of my dresser.	Tengo una lámpara encima de mi tocador.
I also have some picture frames with pictures of my friends and family on top of my dresser.	También tengo algunos marcos con fotos de mis amigos y familiares encima de mi tocador.
There is an alarm clock beside my bed so that I can wake up on time in the morning.	Hay un despertador al lado de mi cama para que pueda despertarme a tiempo por la mañana.
I keep many clothes in my dresser drawers.	Guardo mucha ropa en los cajones de mi cómoda.
The drawers are nice and deep.	Los cajones son bonitos y profundos.
My closet is large.	Mi armario es grande.
It is a walk-in closet.	Es un vestidor.
I have my clothes hanging in my closet.	Tengo mi ropa colgada en mi armario.
All of my clothes are hung on hangers.	Toda mi ropa está colgada en perchas.
My shoes are all lined up on the floor of my closet.	Mis zapatos están alineados en el piso de mi armario.

¡Importante! para descargar archivos de audio. Por favor, Siga este enlace. myeverydayrepertoire.com

There are shelves at the top of my closet.	Hay estantes en la parte superior de mi armario.
I keep games up there.	Mantengo juegos ahí arriba.
There is a rug on my bedroom floor.	Hay una alfombra en el piso de mi habitación.
My bedroom window looks out over the back yard.	La ventana de mi habitación da al patio trasero.
There are curtains on my bedroom window.	Hay cortinas en la ventana de mi habitación.
My bedroom is very cozy.	Mi dormitorio es muy acogedor.
At night, I turn off the lamp and get under the covers.	Por la noche, apago la lámpara y me meto bajo las mantas.
I set my alarm clock for seven o'clock.	Configuré mi despertador para las siete en punto.
I lay my head on the pillow, and I fall asleep.	Apoyo la cabeza en la almohada y me duermo.

¡Importante! para descargar archivos de audio. Por favor, Siga este enlace. myeverydayrepertoire.com

6.12 **Places to Live** - *Lugares para vivir*

I live in a house.	Vivo en una casa.
My house is in a town.	Mi casa está en una ciudad.
My uncle lives in an apartment building.	Mi tío vive en un edificio de apartamentos.
His apartment building is in a busy city.	Su edificio de apartamentos está en una ciudad ajetreada.
My cousin lives in a dormitory in a school.	Mi prima vive en el dormitorio de una escuela.
He shares his room with a classmate.	Comparte su habitación con un compañero de clase.
My uncle lives out in the country.	Mi tío vive en el campo.
He lives on a farm.	Vive en una granja.
The police caught a criminal.	La policía atrapó a un criminal.
Now the criminal lives in prison.	Ahora el criminal vive en prisión.
When I go to summer camp, I live in a tent.	Cuando voy al campamento de verano, vivo en una carpa.
When my parents go on vacation, they live in a motel or a hotel.	Cuando mis padres se van de vacaciones, viven en un motel o en un hotel.
A motel only has one or two floors.	Un motel solo tiene uno o dos pisos.
A hotel usually has many floors.	Un hotel suele tener muchos pisos.
My aunt and uncle live in a trailer.	Mi tía y mi tío viven en una caravana.
They like to move around from place to place.	Les gusta moverse de un lugar a otro.
My friends live in a cottage by a lake.	Mis amigos viven en una cabaña junto a un lago.

¡Importante! para descargar archivos de audio. Por favor, Siga este enlace. myeverydayrepertoire.com

My grandfather lives in a retirement home.	Mi abuelo vive en una casa de retiro.
Many people who are about the same age as he is live there.	*Muchas personas que tienen aproximadamente la misma edad que él viven allí.*
I would like to live in a palace.	*Me gustaría vivir en un palacio.*
I think you have to be a king or a queen, or a prince or a princess to live in a palace.	*Creo que tienes que ser un rey o una reina, o un príncipe o una princesa para vivir en un palacio.*

SCAN ME

Listen to Audio files Here!

¡Importante! para descargar archivos de audio. Por favor, Siga este enlace. myeverydayrepertoire.com

7 CAPÍTULO: TIME - Tiempo
Vocabulary overview- Resumen de vocabulario

Time	Tiempo/Hora
To Ride	Montar
Recess	Receso
To Skip	Saltear
Lunch	Almuerzo
Bell	campana
Ring	Anillo
To Build	Para construir
To Stay	Quedarse
Indoor	Interior
Months	Meses
Years	Años
January	enero
Bloom	florecer
Quite	Bastante
Mild	Leve, ligero
Halloween	Halloween
Chill	Enfriar
Rest	Descansar
Middle	Medio
Errands	Mandados / Compra
Nearly	Por poco
Over	Encima
To Look Forward To	Ansiar
Quickly	Rápidamente
Waste	Desperdicio
Once	Una vez
Forever	Para siempre
A Half	Un medio

¡Importante! para descargar archivos de audio. Por favor, Siga este enlace. myeverydayrepertoire.com

To Glance	Echar una mirada
Watch	Mirar
To Bet	Apostar
Memory	Memoria
Own	Propio
To Link	Vincular
Painful	Doloroso
Flooding	Inundación
To Cherish	Acariciar

7.1 Daily Schedule - *Horario Diario*

I wake up every morning at seven o'clock.	Me despierto todas las mañanas a las siete en punto.
I take a shower.	Yo tomo una ducha.
I eat my breakfast.	Yo como mi desayuno.
I usually have toast or cereal.	Normalmente como tostadas o cereal.
I brush my teeth.	Me lavo los dientes.
I put on my clothes.	Me pongo la ropa.
I catch the school bus.	Cojo el autobús escolar.
I ride to school.	Cabalgo a la escuela.
In my class, we have math and English before recess.	En mi clase, tenemos matemáticas e inglés antes del recreo.
At recess time, the girls skip, or walk around and talk.	En el recreo, las niñas saltan o caminan y hablan.
The boys play in the playground or play baseball.	Los niños juegan en el patio de recreo o juegan béisbol.
After recess, we have physical education and geography.	Después del recreo, tenemos educación física y geografía.
We eat lunch, and then we play outside.	Almorzamos y luego jugamos afuera.

¡Importante! para descargar archivos de audio. Por favor, Siga este enlace. myeverydayrepertoire.com

When the bell rings, we line up to go back into the classroom.	Cuando suena la campana, nos alineamos para volver al salón de clases.
After lunch, we have history and science.	Después del almuerzo, tenemos historia y ciencia.
At recess, we play ball again.	En el recreo, volvemos a jugar a la pelota.
Some of girls play ball too.	Algunas chicas también juegan a la pelota.
In the winter, we build snowmen.	En invierno construimos muñecos de nieve.
If it is too cold, we stay indoors and talk to each other.	Si hace demasiado frío, nos quedamos en casa y hablamos.
After recess, we have music and health.	Después del recreo, tenemos música y salud.
We get out of school at three thirty.	Salimos de la escuela a las tres y media.
I sometimes walk home with my friends, or I take the bus.	A veces camino a casa con mis amigos o tomo el autobús.
I have a snack and change my clothes when I get home.	Tomo un bocadillo y me cambio de ropa cuando llego a casa.
I change into my pajamas.	Me pongo mi pijama.
If it is raining, I watch television.	Si está lloviendo, veo la televisión.
If it is nice outside, I play with my friends.	Si está bien afuera, juego con mis amigos.
I have supper at five thirty.	Ceno a las cinco y media.
On some nights, I help my mother to do the dishes.	Algunas noches ayudo a mi madre a lavar los platos.
After supper, I do my homework.	Después de la cena, hago mis deberes.
I wash my face and hands, and brush my teeth.	Me lavo la cara y las manos y me lavo los dientes.

¡Importante! para descargar archivos de audio. Por favor, Siga este enlace. myeverydayrepertoire.com

7.2 Months - *Meses*

There are twelve months in the year.	Hay doce meses en el año.
January is the first month of the year.	Enero es el primer mes del año.
It is usually cold in January.	Suele hacer frío en enero.
February is the second month of the year.	Febrero es el segundo mes del año.
It is still winter when February comes.	Todavía es invierno cuando llega febrero.
They say that March comes in like a lion and goes out like a lamb.	Dicen que marzo entra como un león y sale como un cordero.
That means that it is still usually cold and sometimes stormy when March begins.	Eso significa que todavía suele hacer frío y, a veces, tormentoso cuando comienza marzo.
By the time that March ends, the weather is starting to get a little better.	Para cuando termina marzo, el clima está empezando a mejorar un poco.
April is the rainy month.	Abril es el mes lluvioso.
April showers bring May flowers.	Lluvias de abril traen flores de mayo.
Many of the spring flowers bloom in May.	Muchas de las flores de primavera florecen en mayo.
The weather can be quite mild in May.	El clima puede ser bastante templado en mayo.
June is usually a nice warm month.	Junio suele ser un mes cálido y agradable.
Many people get married in June.	Mucha gente se casa en junio.
July can be hot.	Julio puede ser caluroso.
People have vacations in July.	La gente tiene vacaciones en julio.
It is a month to do summer things.	Es un mes para hacer cosas de verano.
It is still summer in August, but the summer is winding down.	Todavía es verano en agosto, pero el verano se está acabando.

¡Importante! para descargar archivos de audio. Por favor, Siga este enlace. myeverydayrepertoire.com

August is the time to have last minute vacations.	Agosto es el momento de tener unas vacaciones de última hora.
In September, we go back to school. The autumn winds begin to blow.	En septiembre, volvemos a la escuela. Los vientos otoñales comienzan a soplar.
October really feels like autumn.	Octubre realmente se siente como otoño.
October is Halloween time.	Octubre es la época de Halloween.
November is when we really start to feel the chill.	Noviembre es cuando realmente empezamos a sentir el frío.
December is the Christmas month.	Diciembre es el mes de Navidad.
Most people do a lot of Christmas shopping in December.	La mayoría de la gente hace muchas compras navideñas en diciembre.
They spend quite a bit of time getting ready for Christmas.	Pasan bastante tiempo preparándose para la Navidad.
All of the months are different. Which month were you born in?	Todos los meses son diferentes. ¿En qué mes naciste?

¡Importante! para descargar archivos de audio. Por favor, Siga este enlace. myeverydayrepertoire.com

7.3 Days of the Week
Dias de la semana

There are seven days of the week.	Hay siete días a la semana.
Sunday is a day of rest for some people, but many people still have to work.	El domingo es un día de descanso para algunas personas, pero muchas personas todavía tienen que trabajar.
Quite a few people go to church on a Sunday.	Mucha gente va a la iglesia los domingos.
On Monday morning, we go back to school after the weekend.	El lunes por la mañana volvemos a la escuela después del fin de semana.
Many people say that they don't like Monday because it is the beginning of the work week.	Mucha gente dice que no les gusta el lunes porque es el comienzo de la semana laboral.
Tuesday is a school day and a working day.	El martes es un día escolar y un día laboral.
I don't think that there is anything special about a Tuesday.	No creo que haya nada especial en un martes.
Wednesday is the middle of the work week.	El miércoles es la mitad de la semana laboral.
On Thursday, many of the stores and malls stay open later.	El jueves, muchas de las tiendas y centros comerciales permanecen abiertos hasta más tarde.
It gives you a chance to run some errands on a Thursday night.	Te da la oportunidad de hacer algunos recados un jueves por la noche.

¡Importante! para descargar archivos de audio. Por favor, Siga este enlace. myeverydayrepertoire.com

On Friday, you feel like the work week is nearly over.	El viernes, sientes que la semana laboral casi termina.
Some people say, **"thank goodness it is Friday."**	Algunas personas dicen, **"gracias a Dios que es viernes"**.
They look forward to the weekend.	Esperan ansiosos el fin de semana.
On Saturday, many people can sleep in late.	El sábado, muchas personas pueden dormir hasta tarde.
People get errands done on Saturday.	La gente hace recados los sábados.
You see a lot of people in the grocery store on a Saturday.	Ves a mucha gente en la tienda un sábado.
Most children look forward to Saturday so that they can play with their friends.	La mayoría de los niños esperan el sábado para poder jugar con sus amigos.
Then, Sunday comes again.	Luego, vuelve el domingo.
The weeks turn into months, and the months turn into years.	Las semanas se convierten en meses y los meses en años.
Time goes by quite quickly.	El tiempo pasa bastante rápido.

¡Importante! para descargar archivos de audio. Por favor, Siga este enlace. myeverydayrepertoire.com

7.4 Time - *Hora*

Time is something that you should never waste.	El tiempo es algo que nunca debes perder.
Once an hour is gone, it is gone forever.	Una vez que pasa una hora, desaparece para siempre.
You should make the most of every minute.	Debes aprovechar al máximo cada minuto.
Time is a funny thing.	El tiempo es algo gracioso.
Some days go by so slowly.	Algunos días pasan muy lentamente.
Those are the days that you do things that aren't fun.	Esos son los días en los que haces cosas que no son divertidas.
When you are having fun, time just flies by.	Cuando te diviertes, el tiempo pasa volando.
Time is made up of different units.	El tiempo se compone de diferentes unidades.
Seconds turn into minutes.	Los segundos se convierten en minutos.
Minutes turn into hours.	Los minutos se convierten en horas.
Hours turn into days.	Las horas se convierten en días.
Days turn into weeks.	Los días se convierten en semanas.
Weeks turn into months, and months turn into years.	Las semanas se convierten en meses y los meses en años.
We measure our lives by time.	Medimos nuestras vidas por el tiempo.
We are very concerned with time.	Estamos muy preocupados por el tiempo.

¡Importante! para descargar archivos de audio. Por favor, Siga este enlace. myeverydayrepertoire.com

Even little children are very conscious of time. Little children often want to appear older, so if you ask a three-year-old how old he is, he will often say three and a half.	Incluso los niños pequeños son muy conscientes del tiempo. Los niños pequeños a menudo quieren parecer mayores, por lo que si le preguntas a un niño de tres años cuántos años tiene, a menudo te dirá tres años y medio.
Many of our sayings are based on time. **"Give me a minute." "Hold on a second." "I'm running out of time." "Time's up"** **"I just want an hour of your time."** All of these are common things that we say, and they're all based on time. We are a society that lives by the clock. We almost all wear watches and we glance at our watches a lot. Time is something that we can't see, but it is a big factor in our lives. How many times a day do you look at a watch or a clock? I bet you'd be surprised at just how many times you do.	Muchos de nuestros dichos se basan en el tiempo. **"Dame un minuto." "Espera un segundo." "Se me acaba el tiempo." "Se acabó el tiempo"** **"Solo quiero una hora de tu tiempo".** Todas estas son cosas comunes que decimos, y todas se basan en el tiempo. Somos una sociedad que vive según el reloj. Casi todos usamos relojes y miramos mucho nuestros relojes. El tiempo es algo que no podemos ver, pero es un factor importante en nuestras vidas. ¿Cuántas veces al día miras un reloj o un reloj? Apuesto a que se sorprenderá de la cantidad de veces que lo hace.

¡Importante! para descargar archivos de audio. Por favor, Siga este enlace. myeverydayrepertoire.com

7.5 Memories - *Recuerdos*

Somebody once asked me what the most valuable things that I owned were.
I thought about that for a long time.
Then I realized that most of the things that I had could be replaced.
What I would not be able to replace were the photographs that I had of my friends and family.
Photographs are memories that are captured on film.
Some of the photographs are of people who are no longer with us.
I would hate to lose them.
Memories are precious.
They are all we have sometimes to link us to days gone by.
I remember the good times.
I try to relive them in my mind sometimes.
I remember the sad times.
Some of the sad memories are painful, but they are all a part of my life, and I don't want to lose any of my memories.

Alguien me preguntó una vez cuáles eran las cosas más valiosas que poseía.
Pensé en eso durante mucho tiempo.
Luego me di cuenta de que la mayoría de las cosas que tenía podían reemplazarse.
Lo que no podría reemplazar fueron las fotografías que tenía de mis amigos y familiares.
Las fotografías son recuerdos que se capturan en una película.
Algunas de las fotografías son de personas que ya no están con nosotros.
Odiaría perderlos.
Los recuerdos son preciosos.
Son todo lo que tenemos a veces para vincularnos a días pasados.
Recuerdo los buenos tiempos.
A veces trato de revivirlos en mi mente.
Recuerdo los tiempos tristes.
Algunos de los recuerdos tristes son dolorosos, pero todos son parte de mi vida y no quiero perder ninguno de mis recuerdos.

¡Importante! para descargar archivos de audio. Por favor, Siga este enlace. myeverydayrepertoire.com

People come into our lives and people leave our lives, but most people leave a memory for us.	La gente entra en nuestras vidas y la gente deja nuestras vidas, pero la mayoría de la gente nos deja un recuerdo.
I have lots of memories, and when I look at my photographs, the memories come Flooding back into my brain.	Tengo muchos recuerdos, y cuando miro mis fotografías, los recuerdos vienen inundando mi cerebro.
I remember what people were like when they were younger.	Recuerdo cómo era la gente cuando era más joven.
I remember vacations that I took.	Recuerdo las vacaciones que tomé.
I remember days that seemed ordinary at the time, but you never get to relive even the ordinary days.	Recuerdo días que parecían normales en ese momento, pero nunca puedes revivir ni siquiera los días normales.
Memories are so precious.	Los recuerdos son tan preciosos.
Cherish your memories, and keep them in a place close to your heart.	Aprecia tus recuerdos y guárdalos en un lugar cercano a tu corazón.

¡Importante! para descargar archivos de audio. Por favor, Siga este enlace. myeverydayrepertoire.com

8 CAPÍTULO PARTIES- *Fiestas*
Vocabulary Overview -Resumen de vocabulario

Parties	Fiestas
Remembrance	Remembranza
To Fight	Luchar
World War	Guerra Mundial
Soldiers	Soldados
Poppy (plant that is the color of the petals of a bright red flower)	Amapola (planta del color de los pétalos de una flor roja brillante)
Candy	Dulce
Potato Chips	Patatas fritas
Trick	Truco
Theater	Teatro
Ghost Costume	Disfraz de fantasma
To Be Scary	Dar miedo
Wand	Varita mágica
Crown	corona
Pumpkin	Calabaza
To Draw	Dibujar
To Carve	Tallar
Knife	Cuchillo
Roof	Techo
Eggnog	Ponche de huevo
To Hang	Colgar
Stockings	Medias
Fireplace	Chimenea
String	Cuerda
Tinsel	Oropel
Ornaments	Adornos
Wrapping Paper	Papel de regalo
Holiday	Vacaciones

¡Importante! para descargar archivos de audio. Por favor, Siga este enlace. myeverydayrepertoire.com

Ring	Anillo
Firework	Fuegos artificiales
Gift	Regalo
Toy	Juguete
Hat	Sombrero
Streamers	Serpentinas
Tenth	Décimo
Candle	Vela
To Blow Out	Para soplar
A Wish	Un deseo
To Wonder	A preguntarse
To Win	Para ganar
Prize	Premio
To Swim	Nadar
Bow	Inclinarse
Mustard	Mostaza
Twinkle	Centelleo
Glow	Resplandor
Wooden	De madera
Reindeer	Reno
Pudding	Pudín
To Afford	Permititrse el lujo

¡Importante! para descargar archivos de audio. Por favor, Siga este enlace. myeverydayrepertoire.com

8.1 Remembrance Day
Dia de la conmemoración

My grandfather fought in World War II.	Mi abuelo luchó en la Segunda Guerra Mundial.
My grandmother was a nurse in World War II.	Mi abuela fue enfermera en la Segunda Guerra Mundial.
Today is November 11th.	Hoy es 11 de noviembre.
Today is Remembrance Day.	Hoy es el Día del Recuerdo.
Today we celebrate soldiers.	Hoy celebramos a los soldados.
Everyone wears a poppy.	Todo el mundo lleva una amapola.
Poppies are red flowers.	Las amapolas son flores rojas.
Poppies remind me of my grandparents.	Las amapolas me recuerdan a mis abuelos.
Poppies remind me of their sacrifice.	Las amapolas me recuerdan su sacrificio.
At 11:00 AM there are two minutes of silence.	A las 11:00 AM hay dos minutos de silencio.
People remember their friends and family.	La gente recuerda a sus amigos y familiares.
People recite the poem **"In Flanders Field."**	La gente recita el poema **"In Flanders Field"**.
It is a sad poem.	Es un poema triste.
It helps us remember.	Nos ayuda a recordar.
Today we wish for peace in the world.	Hoy deseamos la paz en el mundo.

¡Importante! para descargar archivos de audio. Por favor, Siga este enlace. myeverydayrepertoire.com

8.2 Halloween Night - *Noche de halloween*

Halloween is fun.	Halloween es divertido.
My mom buys candy.	Mi mamá compra dulces.
My Mom buys potato chips.	Mi mamá compra papas fritas.
My Mom buys chocolate bars.	Mi mamá compra barras de chocolate.
It is for the trick or treaters.	Es para el truco o los tratantes.
My Mom buys me a costume.	Mi mamá me compra un disfraz.
It is a ghost costume.	Es un disfraz de fantasma.
I am going to be scary.	Voy a dar miedo.
My sister is going to dress up as a princess.	Mi hermana se va a disfrazar de princesa.
She will have a wand.	Ella tendrá una varita.
She will have a crown.	Tendrá una corona.
She will look beautiful.	Ella se verá hermosa.
My Dad buys a pumpkin.	Mi papá compra una calabaza.
It is going to be a Jack O'Lantern.	Va a ser un Jack O'Lantern.
We draw a face on the pumpkin.	Dibujamos una cara en la calabaza.
We carve the face with a knife.	Tallamos la cara con un cuchillo.
Our Jack O'Lantern looks funny.	Nuestro Jack O'Lantern se ve gracioso.
We go trick or treating.	Vamos a pedir dulces.
We knock on the neighbor's door.	Llamamos a la puerta del vecino.
We say, **"trick or treat."**	Decimos **"truco o trato"**.
Our neighbors give us candy.	Nuestros vecinos nos regalan caramelos.
We say thanks.	Damos gracias.
We go to many houses.	Vamos a muchas casas.
We go home.	Nosotros vamos a casa.

¡Importante! para descargar archivos de audio. Por favor, Siga este enlace. myeverydayrepertoire.com

Our parents check our candy.	Nuestros padres revisan nuestros dulces.
It's safe.	Es seguro.
We eat lots of candy.	Comemos muchos dulces.
We don't feel very good.	No nos sentimos muy bien.
We go to bed.	Vamos a la cama.

8.3 Christmas Eve - *Nochebuena*

Ben and Melissa are getting ready for Christmas.	Ben y Melissa se están preparando para Navidad.
Ben and Melissa's house has lots of lights on the roof.	La casa de Ben y Melissa tiene muchas luces en el techo.
The lights are many colors.	Las luces son de muchos colores.
Inside they listen to Christmas music.	Dentro escuchan música navideña.
Ben and Melissa drink eggnog.	Ben y Melissa beben ponche de huevo.
Eggnog tastes good.	El ponche de huevo sabe bien.
Ben and Melissa hang stockings on the fireplace.	Ben y Melissa cuelgan medias en la chimenea.
They string popcorn.	Ensartan palomitas de maíz.
Ben and Melissa put the popcorn string on the Christmas tree.	Ben y Melissa pusieron el hilo de palomitas de maíz en el árbol de Navidad.
They put Christmas lights on the tree.	Pusieron luces de Navidad en el árbol.
They put tinsel on the tree.	Ponen oropel en el árbol.
Ben and Melissa put ornaments on the tree.	Ben y Melissa pusieron adornos en el árbol.
They put a star on top of the tree.	Ponen una estrella encima del árbol.

¡Importante! para descargar archivos de audio. Por favor, Siga este enlace. myeverydayrepertoire.com

They get ready for Santa Claus.	Se preparan para Santa Claus.
They leave milk and cookies for Santa.	Le dejan leche y galletas a Santa.
Ben opens one present.	Ben abre un regalo.
Melissa opens one present.	Melissa abre un regalo.
They go to sleep.	Se van a dormir.
Ben and Melissa wake up early.	Ben y Melissa se despiertan temprano.
They run down stairs.	Corren escaleras abajo.
There are a lot of presents under our tree.	Hay muchos regalos debajo de nuestro árbol.
They wake up their Mom and Dad.	Despiertan a su mamá y papá.
Ben and Melissa open their presents.	Ben y Melissa abren sus regalos.
They love our presents.	Aman nuestros regalos.
Everyone cleans up the wrapping paper.	Todos limpian el papel de envolver.
It is time for breakfast.	Es hora de desayunar

¡Importante! para descargar archivos de audio. Por favor, Siga este enlace. myeverydayrepertoire.com

8.3 Holidays - *Vacaciones*

In Canada, we have many different days that we celebrate.
On the first day of January, there is New Year's Day.
That is when we ring in the New Year, and say goodbye to the old year.
In February, there is Valentine's Day.
That is the day when you tell your girlfriend or boyfriend that you love them.
You can buy them flowers or candy, or take them out to dinner.
In March, there is Saint Patrick's Day.
Everyone pretends that they are Irish on Saint Patrick's day.
They all wear green.
Easter comes in the spring.
Easter is a religious holiday.
Some people celebrate by going to church.
Some people think that the Easter bunny comes and leaves chocolate eggs for them.
In May, there is Victoria Day.

En Canadá, tenemos muchos días diferentes que celebramos.
El primer día de enero es el día de Año Nuevo.
Es entonces cuando recibimos el Año Nuevo y nos despedimos del año viejo.
En febrero, es el día de San Valentín.
Ese es el día en que le dices a tu novia o novio que los amas.

Puedes comprarles flores o dulces, o llevarlos a cenar.

En marzo, es el día de San Patricio.
Todos fingen ser irlandeses el día de San Patricio.
Todos visten de verde.
La Pascua llega en primavera.
La Pascua es una fiesta religiosa.
Algunas personas celebran yendo a la iglesia.
Algunas personas piensan que llega el conejito de Pascua y les deja huevos de chocolate.
En mayo, se celebra el Día de la Victoria.

¡Importante! para descargar archivos de audio. Por favor, Siga este enlace. myeverydayrepertoire.com

We celebrate this day in honor of England's Queen Victoria.	Celebramos este día en honor a la Reina Victoria de Inglaterra.
There are fireworks on Victoria Day.	Hay fuegos artificiales el Día de la Victoria.
July the first is Canada Day.	El primero de julio es el Día de Canadá.
In September, there is Labor Day.	En septiembre, se celebra el Día del Trabajo.
This is the day that we honor the working man or woman.	Este es el día en que honramos al hombre o la mujer trabajadora.
In October, there is Thanksgiving.	En octubre, hay Acción de Gracias.
We give thanks for all the things that we are fortunate enough to have.	Damos gracias por todas las cosas que tenemos la suerte de tener.
We usually have a turkey dinner on Thanksgiving Day.	Normalmente tenemos una cena de pavo el día de Acción de Gracias.
On the last day of October, there is Halloween.	El último día de octubre, hay Halloween.
The children dress up in costumes, and go from door to door collecting candies.	Los niños se disfrazan y van de puerta en puerta recogiendo caramelos.
Remembrance Day is in November.	El Día del Recuerdo es en noviembre.
People wear red poppies, and they remember all the people that died for their country.	La gente usa amapolas rojas y recuerda a todas las personas que murieron por su país.
Christmas comes in December.	La Navidad llega en diciembre.
Christmas is also a religious holiday, but many children believe that Santa Claus	La Navidad también es una fiesta religiosa, pero muchos niños creen que Santa Claus llega la

¡Importante! para descargar archivos de audio. Por favor, Siga este enlace. myeverydayrepertoire.com

arrives on Christmas Eve in a sleigh pulled by reindeer.	víspera de Navidad en un trineo tirado por renos.
They believe that Santa Claus fills up their stockings with toys and goodies.	Creen que Santa Claus les llena las medias con juguetes y golosinas.
He gets in and out of people's houses through their chimneys.	Entra y sale de las casas de la gente por sus chimeneas.
We don't get off work or school for all of these days, but many of them are holidays from work and school.	No salimos del trabajo ni de la escuela todos estos días, pero muchos de ellos son vacaciones del trabajo y la escuela.

¡Importante! para descargar archivos de audio. Por favor, Siga este enlace. myeverydayrepertoire.com

8.5 Parties - *Fiestas*

Parties can be a lot of fun.	Las fiestas pueden ser muy divertidas.
People get invited to parties.	La gente es invitada a fiestas.
You can have a party because it is a special occasion, or just because you want to have a party.	Puedes hacer una fiesta porque es una ocasión especial, o simplemente porque quieres hacer una fiesta.
Sometimes, people wear paper hats at parties.	A veces, la gente usa sombreros de papel en las fiestas.
These are called party hats.	Estos se llaman sombreros de fiesta.
Some people decorate with streamers and balloons.	Algunas personas decoran con serpentinas y globos.
At some parties, there is a cake.	En algunas fiestas hay un pastel.
Sometimes, there are just snacks and drinks.	A veces, solo hay bocadillos y bebidas.
At some parties, people play games.	En algunas fiestas, la gente juega.
There are also parties where people just stand around and talk.	También hay fiestas en las que la gente se queda de pie y habla.
People wear different things to parties.	La gente usa diferentes cosas para las fiestas.
You can go to some parties in casual clothes.	Puedes ir a algunas fiestas con ropa informal.
At other parties, you need to be dressed up in good clothes.	En otras fiestas, es necesario vestirse con buena ropa.
There are other parties where you are supposed to wear a costume.	Hay otras fiestas en las que se supone que debes usar un disfraz.

¡Importante! para descargar archivos de audio. Por favor, Siga este enlace. myeverydayrepertoire.com

There are many different kinds of parties.	Hay muchos tipos diferentes de fiestas.
There are Christmas parties, birthday parties, going away parties, and parties for no reason at all.	Hay fiestas de Navidad, cumpleaños, despedidas y fiestas sin motivo alguno.
I have been to parties for people who are retiring, or for people who have just had a new baby.	He ido a fiestas para personas que se jubilan o para personas que acaban de tener un nuevo bebé.
There are hundreds of reasons for having a party.	Hay cientos de razones para hacer una fiesta.
At some parties, you take a gift.	En algunas fiestas, te llevas un regalo.
If it is a birthday party, then you take a gift and a birthday card to the person who is having the birthday.	Si es una fiesta de cumpleaños, entonces lleva un regalo y una tarjeta de cumpleaños a la persona que está celebrando el cumpleaños.
Sometimes, people will ask you to bring food or drinks to the party.	A veces, la gente te pedirá que lleves comida o bebidas a la fiesta.
All parties are different. It is nice to be invited to parties.	Todas las partes son diferentes. Es bueno que te inviten a fiestas.

¡Importante! para descargar archivos de audio. Por favor, Siga este enlace. myeverydayrepertoire.com

8.6 The Birthday Party
La fiesta de cumpleaños

Yesterday I went to a birthday party.	Ayer fui a una fiesta de cumpleaños.
My friend Jane had her tenth birthday.	Mi amiga Jane cumplió diez años.
Her house was decorated with balloons and streamers.	Su casa estaba decorada con globos y serpentinas.
Her mother had baked a big birthday cake.	Su madre había horneado un gran pastel de cumpleaños.
The cake had **"Happy tenth birthday Jane"** written on it.	El pastel tenía escrito **"Feliz décimo cumpleaños Jane"**.
There were ten candles on the cake.	Había diez velas en el pastel.
Jane blew out the candles and made a wish.	Jane apagó las velas y pidió un deseo.
I wonder what she wished for.	Me pregunto qué deseaba ella.
Your wish won't come true if you tell anyone what it was.	Tu deseo no se hará realidad si le cuentas a alguien cuál fue.
We sang **"Happy birthday to you."**	Cantamos **"Feliz cumpleaños"**.
At the party we played some games.	En la fiesta jugamos algunos juegos.
I won one of games so I got a prize.	Gané uno de los juegos, así que obtuve un premio.
We also swam in Jane's swimming pool.	También nadamos en la piscina de Jane.
Jane opened her gifts.	Jane abrió sus regalos.
Her gifts were wrapped in bright paper and bows.	Sus regalos estaban envueltos en papel brillante y lazos.
She got lots of nice gifts.	Recibió muchos regalos bonitos.

¡Importante! para descargar archivos de audio. Por favor, Siga este enlace. myeverydayrepertoire.com

She got some compact discs, some clothes and some computer games.	Consiguió algunos discos compactos, algo de ropa y algunos juegos de computadora.
Jane thanked everyone.	Jane agradeció a todos.
We ate a lot of food at Jane's party.	Comimos mucha comida en la fiesta de Jane.
We had hot dogs.	Teníamos perros calientes.
I put mustard and ketchup on my hot dog.	Le puse mostaza y salsa de tomate a mi perrito caliente.
Then we ate cake and ice cream.	Luego comimos pastel y helado.
We had pop to drink.	Teníamos pop para beber.
I think I had too much cake and ice cream.	Creo que comí demasiada tarta y helado.
I was very full by the time the party was over.	Estaba muy lleno cuando terminó la fiesta.
We thanked Jane and her mother before we all went home.	Dimos las gracias a Jane ya su madre antes de irnos a casa.
It was a very good party.	Fue una muy buena fiesta.
Everyone had a good time.	Todos pasaron un buen rato.
I hope Jane had a happy tenth birthday.	Espero que Jane haya tenido un feliz décimo cumpleaños.

¡Importante! para descargar archivos de audio. Por favor, Siga este enlace. myeverydayrepertoire.com

8.7 Christmas - *Navidad*

In December, Christmas comes. We get a holiday from school, and our parents get a few days off from work.	En diciembre llega la Navidad. Tenemos vacaciones de la escuela y nuestros padres tienen unos días libres del trabajo.
Our family gets ready for Christmas by decorating the house. We decorate inside and out.	Nuestra familia se prepara para la Navidad decorando la casa. Decoramos por dentro y por fuera.
On the outside of the house we put up lights that twinkle and glow.	En el exterior de la casa colocamos luces que parpadean y brillan.
We have a wooden Santa Claus and reindeer set that my father puts up on the roof.	Tenemos un juego de madera de Papá Noel y renos que mi padre pone en el techo.
Inside, we put up a Christmas tree. Some years we have a real tree.	En el interior, colocamos un árbol de Navidad. Algunos años tenemos un árbol real.
Real pine trees smell nice, but you have to be careful that they don't dry out and start a fire.	Los pinos reales huelen bien, pero hay que tener cuidado de que no se sequen y provoquen un incendio.
This year we have an artificial tree.	Este año tenemos un árbol artificial.
We hang tinsel and ornaments on the tree.	Colgamos oropel y adornos en el árbol.
We also hang strands of lights on the tree and put a star at the top.	También colgamos hilos de luces en el árbol y ponemos una estrella en la parte superior.

¡Importante! para descargar archivos de audio. Por favor, Siga este enlace. myeverydayrepertoire.com

Everyone thinks that the tree is beautiful when we turn on the lights.	Todos piensan que el árbol es hermoso cuando encendemos las luces.
We place gifts under the tree.	Colocamos regalos debajo del árbol.
There is a gift for me under the tree.	Hay un regalo para mí debajo del árbol.
It is wrapped in red paper, and it has a big green bow on it.	Está envuelto en papel rojo y tiene un gran lazo verde.
Red and green are the Christmas colors.	El rojo y el verde son los colores navideños.
On Christmas Eve, my brother and sister and I will hang our stockings near the fireplace.	En Nochebuena, mi hermano, mi hermana y yo colgaremos nuestras medias cerca de la chimenea.
Santa Claus comes down the chimney and fills our stockings full of toys and goodies.	Santa Claus baja por la chimenea y llena nuestras medias de juguetes y golosinas.
On Christmas morning, it is exciting to see what Santa has left for you.	En la mañana de Navidad, es emocionante ver lo que Santa te dejó.
My mother will make a big turkey dinner for us on Christmas day.	Mi madre nos preparará una gran cena de pavo el día de Navidad.
We will have lots of vegetables and good tasting foods to go with the turkey.	Tendremos muchas verduras y alimentos de buen sabor para acompañar el pavo.
We will have dessert too.	También tendremos postre.
Some of my family like Christmas pudding, but I will just have ice cream.	A algunos miembros de mi familia les gusta el pudín de Navidad, pero yo solo tomaré helado.

¡Importante! para descargar archivos de audio. Por favor, Siga este enlace. myeverydayrepertoire.com

Last year some carolers came to the door.	El año pasado llamaron a la puerta algunos villancicos.
It was snowing outside.	Afuera estaba nevando.
They stood in the snow and sang Christmas carols to us.	Se pararon en la nieve y nos cantaron villancicos.
My father gave them some money, and my mother gave them some hot chocolate to warm them up.	Mi padre les dio algo de dinero y mi madre les dio chocolate caliente para calentarlos.
They had lovely voices, and they sang some of my favorite carols.	Tenían voces preciosas y cantaron algunos de mis villancicos favoritos.
We also collect food, gifts and money for some of the people in town who cannot afford to have Christmas.	También recolectamos comida, regalos y dinero para algunas de las personas de la ciudad que no pueden permitirse la Navidad.
My family is collecting things for a poor family who live near here.	Mi familia está recolectando cosas para una familia pobre que vive cerca de aquí.
We had fun deciding which toys to buy for the children in that family.	Nos divertimos decidiendo qué juguetes comprar para los niños de esa familia.
It is a good feeling to share with people who do not have as much as you do.	Es un buen sentimiento compartir con personas que no tienen tanto como tú.
My parents have always taught us that Christmas is a time for giving, not receiving.	Mis padres siempre nos han enseñado que la Navidad es una época para dar, no para recibir.
I think they're right	Creo que tienen razón

¡Importante! para descargar archivos de audio. Por favor, Siga este enlace. myeverydayrepertoire.com

9 CAPÍTULO ANIMALS -*Animales*
Vocabulary Overview -Resumen de vocabulario

Pet	Mascota
Cat	Gato
Paw	Pata
Fur	Piel
Soft	Suave
Kitten	Gatito
Hunt	Cazar
Birds	Aves
Lap	Vuelta
Dog	Perro
Fish	Pescado
Hug	Abrazo
Parrots	loro
Bird Cages	Jaulas de pájaros
Water	Agua
Tank Fish Bowl	Pecera del tanque
Guineapig	Conejillo de indias
Ferret	Hurón
Lizard	Lagartija
Cricket	Grillo
Pet Snake	serpiente mascota
Small Labrador	Labrador pequeño
Retriever Poodle	Caniche (el pero de lanas)
Noisy	Ruidoso
Bark	Ladrar

¡Importante! para descargar archivos de audio. Por favor, Siga este enlace. myeverydayrepertoire.com

Quiet	Tranquilo
Obedient	Obediente
Responsible	Responsable
Wild Animals	animales salvajes
Cage	Jaula
Home	Casa
Jungle	Selva
Plain	Llanura
Lions	Leones
Beast	Bestia
Mighty	Poderoso
To Roar	Rugir
Loudly	Fuerte(sonido)
Giraffe	Jirafa
Neck	Cuello
Leaves	Sale de
Elephant	Elefante
Large	Grande
Trunk	tronco
Tusks	Colmillos
Tiger	Tigre
Stripe	Raya
Beak	Pico
Polar Bears	Osos polares
Kangaroo	Canguro
Wolf	Lobo
Fox	zorro

¡Importante! para descargar archivos de audio. Por favor, Siga este enlace. myeverydayrepertoire.com

Monkey	Mono
Squirrels	Ardillas
Raccoon	Mapache
Chipmunk	Ardilla
Moose (Ruminant Mammal of the Deer Family)	Alce (Mamífero rumiante de la familia de los ciervos)
Deer	Ciervo
Zoo	zoo
Termite	Termita
Spider	Araña
Fly	Volar
Germ	Germen
Insect	Insecto
Web	Web
Ant	Hormiga
Bee	abeja
Get Stung	Ser picado
Caterpillar	Oruga
Butter Fly	Mariposa
Grasshopper	Saltamontes
Cricket	Grillo
Dragonfly	Libélula
Ladybug	Mariquita
Beetle	Escarabajo
Cockroach	Cucaracha
Centipede	Ciempiés
Flea	Pulga
Mosquito	Mosquito

¡Importante! para descargar archivos de audio. Por favor, Siga este enlace. myeverydayrepertoire.com

Pet Store	Tienda de mascotas
Dog Food	Comida de perro
Collar	Collar
Leash	Correa
Brush	Cepillo
Toy	Juguete
Litter	Basura
Litter Box	Caja de arena
Seed	Semilla
Cage	Jaula
Tank	Tanque
Bowl	Cuenco
Gold Fish	Pez dorado
Net	Neto
Puppy	Cachorro
Tail	Cola
Trip	Viaje
Pace	Ritmo
Restless	Inquieto
Surprise	Sorpresa

¡Importante! para descargar archivos de audio. Por favor, Siga este enlace. myeverydayrepertoire.com

9.1 My First Pet - *Mi primera mascota*

My name is Sarah.	Mi nombre es Sarah.
I am 14 years old.	Tengo 14 años de edad.
I have a pet cat.	Tengo un gato como mascota.
My cat's name is Milo.	El nombre de mi gato es Milo.
My cat is black and white.	Mi gato es blanco y negro.
Milo's paws are white.	Las patas de Milo son blancas.
Milo's body is black.	El cuerpo de Milo es negro.
She is very cute.	Ella es muy linda.
Milo's fur is very soft.	El pelaje de Milo es muy suave.
Milo was a very small kitten.	Milo era un gatito muy pequeño.
Milo is a very big cat.	Milo es un gato muy grande.
Milo cannot have kittens.	Milo no puede tener gatitos.
She is fixed.	Ella está arreglada.
Milo likes to eat.	A Milo le gusta comer.
Milo likes to play outside Milo likes to hunt for birds.	A Milo le gusta jugar al aire libre. A Milo le gusta cazar pájaros.
Milo likes to hunt for mice.	A Milo le gusta cazar ratones.
She likes her ears scratched.	Le gusta que le rasquen las orejas.
Milo likes to sit in my lap.	A Milo le gusta sentarse en mi regazo.
Milo likes to sleep on my bed.	A Milo le gusta dormir en mi cama.
Milo is a good pet.	Milo es una buena mascota.

¡Importante! para descargar archivos de audio. Por favor, Siga este enlace. myeverydayrepertoire.com

9.2 Pets - *Mascotas*

There are many different animals that you can have for pets.	Hay muchos animales diferentes que puedes tener como mascotas.
The most common pets are cats and dogs.	Las mascotas más comunes son los gatos y los perros.
I think the second most common pets are birds and fish.	Creo que las segundas mascotas más comunes son las aves y los peces.
You can hug a cat or a dog.	Puedes abrazar a un gato o un perro.
You can play with a cat or a dog, but it is difficult to play with a bird or a fish.	Puedes jugar con un gato o un perro, pero es difícil jugar con un pájaro o un pez.
Some birds are very smart, and they can be taught to do things.	Algunas aves son muy inteligentes y se les puede enseñar a hacer cosas.
Parrots are very clever.	Los loros son muy inteligentes.
Some of them even talk.	Algunos incluso hablan.
Birds usually stay in birdcages.	Las aves suelen quedarse en jaulas.
Fish have to stay in the water in a tank or a fishbowl.	Los peces deben permanecer en el agua en un tanque o una pecera.
Some people have gerbils or guinea pigs as pets.	Algunas personas tienen jerbos o conejillos de indias como mascotas.
There are even people who have ferrets as pets.	Incluso hay personas que tienen hurones como mascotas.
I have a friend who has a lizard for a pet.	Tengo un amigo que tiene un lagarto como mascota.

¡Importante! para descargar archivos de audio. Por favor, Siga este enlace. myeverydayrepertoire.com

She has to buy live crickets for her lizard to eat.	Tiene que comprar grillos vivos para que los coma su lagarto.
Another friend of mine has a pet snake.	Otro amigo mío tiene una serpiente como mascota.
I don't think I would like to have a pet snake.	No creo que me gustaría tener una serpiente como mascota.
There are different types of dogs.	Hay diferentes tipos de perros.
Some dogs are very big, and some are small.	Algunos perros son muy grandes y otros pequeños.
A Labrador retriever is a big dog.	Un labrador retriever es un perro grande.
A poodle is usually a small dog, although there are some large poodles.	Un caniche suele ser un perro pequeño, aunque hay algunos caniches grandes.
Some dogs are noisy, and they bark a lot.	Algunos perros son ruidosos y ladran mucho.
Other dogs are quiet and obedient.	Otros perros son silenciosos y obedientes.
I once had a dog.	Una vez tuve un perro.
It was a cocker spaniel.	Era un cocker spaniel.
I used to take it for walks.	Solía llevarlo a pasear.
There are different types of cats too.	También hay diferentes tipos de gatos.
My favorite type of cat is a Siamese cat.	Mi tipo de gato favorito es el gato siamés.
Siamese cats have blue eyes.	Los gatos siameses tienen ojos azules.
My mother had a Persian cat.	Mi madre tenía un gato persa.
It was very furry.	Fue muy peludo.
My mother said that it used to shed fur all over the house.	Mi madre dijo que solía arrojar pieles por toda la casa.

¡Importante! para descargar archivos de audio. Por favor, Siga este enlace. myeverydayrepertoire.com

Pets are a lot of fun, but they are a lot of work too.	Las mascotas son muy divertidas, pero también requieren mucho trabajo.
To be a good pet owner, you have to be very Responsible	Para ser un buen dueño de una mascota, debes ser muy responsable

9.3 Wild Animals - *Animales Salvajes*

Some animals are wild.	Algunos animales son salvajes.
They don't live in homes or cages.	No viven en casas ni en jaulas.
They live in jungles or on plains.	Viven en selvas o llanuras.
The lion is the king of the beasts.	El león es el rey de las bestias.
He is very mighty.	El es muy poderoso.
He roars loudly.	Él ruge fuerte.
The giraffe has a long neck.	La jirafa tiene un cuello largo.
He eats leaves from the tallest trees.	Come hojas de los árboles más altos.
The elephant is very large.	El elefante es muy grande.
He has a trunk and two tusks.	Tiene un tronco y dos colmillos.
A tiger has stripes.	Un tigre tiene rayas.
Some bears are black, and some are brown.	Algunos osos son negros y otros marrones.
There are even white bears called polar bears.	Incluso hay osos blancos llamados osos polares.
A kangaroo lives in Australia.	Un canguro vive en Australia.
That is the only place that you would find a kangaroo, except in a zoo.	Ese es el único lugar donde encontraría un canguro, excepto en un zoológico.
It might be frightening to run into a wolf or a fox.	Puede ser aterrador encontrarse con un lobo o un zorro.

¡Importante! para descargar archivos de audio. Por favor, Siga este enlace. myeverydayrepertoire.com

Monkeys run and play in the trees.	Los monos corren y juegan en los árboles.
In Canada, we don't see lions, tigers, giraffes or monkeys running wild.	En España, no vemos leones, tigres, jirafas o monos en libertad.
There are squirrels in my back yard.	Hay ardillas en mi patio trasero.
Sometimes, I see a raccoon or a chipmunk.	A veces, veo un mapache o una ardilla listada.
In northern Ontario, you might see a moose or a bear.	En el norte de Ontario, es posible que vea un alce o un oso.
I have seen a deer in the forest.	He visto un ciervo en el bosque.
There are many wild animals.	Hay muchos animales salvajes.
You can see wild animals if you go to the zoo.	Puedes ver animales salvajes si vas al zoológico.

¡Importante! para descargar archivos de audio. Por favor, Siga este enlace. myeverydayrepertoire.com

9.4 Bugs - *Insectos*

Many people are afraid of bugs.	Mucha gente tiene miedo a los insectos.
Some bugs do bad things like eating crops or clothes.	Algunos insectos hacen cosas malas como comerse las cosechas o la ropa.
Some bugs, such as termites, even eat wood.	Algunos insectos, como las termitas, incluso comen madera.
Other bugs can be good.	Otros errores pueden ser buenos.
Spiders catch flies.	Las arañas atrapan moscas.
Flies are not good because they carry germs.	Las moscas no son buenas porque llevan gérmenes.
Insects get caught in the web that the spider builds.	Los insectos quedan atrapados en la telaraña que construye la araña.
Ants get into homes and eat food.	Las hormigas entran en las casas y comen.
Bees are good because honey comes from bees.	Las abejas son buenas porque la miel proviene de las abejas.
It is not good if you get stung by a bee.	No es bueno que te pique una abeja.
A caterpillar turns into a butterfly.	Una oruga se convierte en mariposa.
Butterflies can be very beautiful.	Las mariposas pueden ser muy hermosas.
You can find grasshoppers outside on a sunny day.	Puede encontrar saltamontes afuera en un día soleado.
Grasshoppers hop through the grass.	Los saltamontes saltan por la hierba.

¡Importante! para descargar archivos de audio. Por favor, Siga este enlace. myeverydayrepertoire.com

Crickets make a noise by rubbing their legs together.	Los grillos hacen ruido al frotarse las piernas.
Dragonflies usually live near water.	Las libélulas suelen vivir cerca del agua.
They have large, colorful wings.	Tienen alas grandes y coloridas.
Ladybugs are red with little black dots.	Las mariquitas son rojas con puntitos negros.
There are many types of beetles.	Hay muchos tipos de escarabajos.
Nobody wants to have cockroaches in their house.	Nadie quiere tener cucarachas en su casa.
Centipedes have many legs.	Los ciempiés tienen muchas patas.
Fleas get onto your pets and bite them.	Las pulgas se apoderan de sus mascotas y las pican.
They make your dog or cat itchy.	Hacen que su perro o gato le piquen.
Mosquitoes can make you itchy when they bite you.	Los mosquitos pueden provocarle picazón cuando lo pican.
Have you ever had a mosquito bite?	¿Alguna vez ha tenido una picadura de mosquito?

¡Importante! para descargar archivos de audio. Por favor, Siga este enlace. myeverydayrepertoire.com

9.5 The Pet Store - *La tienda de Mascotas*

On Saturday, my parents took us to the pet store.
They had everything that you would need if you had a pet.
They had dog food, collars and leashes for dogs.
They had treats to give your dog, and brushes to brush your dog.

For cats, they had food, toys, and litter boxes.
For birds, they had seed and cages.
There was a section for fish.
They had fish in big tanks and little bowls.
In the big tanks, there were colorful fish swimming around.

The girl who worked there said that they were tropical fish.
There were goldfish in the smaller fishbowls.
I saw the girl get a goldfish out with a little net.
She sold it to a boy who said he had another goldfish at home.

El sábado, mis padres nos llevaron a la tienda de mascotas.
Tenían todo lo que necesitarías si tuvieras una mascota.
Tenían comida para perros, collares y correas para perros.
Tenían golosinas para darle a tu perro y cepillos para cepillar a tu perro.

Para los gatos, tenían comida, juguetes y cajas de arena.
Para las aves, tenían semillas y jaulas.
Había una sección para pescado.
Tenían peces en grandes tanques y pequeños cuencos.
En los grandes tanques, había peces de colores nadando alrededor.

La chica que trabajaba allí dijo que eran peces tropicales.
Había peces de colores en las peceras más pequeñas.
Vi a la niña sacar un pez dorado con una pequeña red.
Se lo vendió a un niño que dijo que tenía otro pez dorado en casa.

¡Importante! para descargar archivos de audio. Por favor, Siga este enlace. myeverydayrepertoire.com

There was a very large cage with a parrot in it.	Había una jaula muy grande con un loro dentro.
I walked up to the cage, and the parrot said **"hello."**	Caminé hasta la jaula y el loro dijo **"hola".**
I was surprised that the parrot could talk.	Me sorprendió que el loro pudiera hablar.
It could say a few things.	Podría decir algunas cosas.
It said, **"I love you," "pretty bird,"** and **"bye-bye."**	Decía: **"Te amo", "pájaro bonito"** y **"adiós".**
I told my mother that I would like a parrot, but she said that parrots need a lot of care and attention.	Le dije a mi madre que me gustaría tener un loro, pero ella dijo que los loros necesitan mucho cuidado y atención.
At the back of the store there were some puppies.	En la parte trasera de la tienda había unos cachorros.
They seemed glad to see me.	Parecían contentos de verme.
I stuck my hand into the cage, and one of them licked my hand.	Metí la mano en la jaula y uno de ellos me lamió la mano.
They were very lively.	Estaban muy animados.
They were running around and chasing their own tails.	Estaban corriendo y persiguiendo sus propias colas.
In the next cage there were two kittens.	En la siguiente jaula había dos gatitos.
One of them was playing with a toy, and the other one was asleep.	Uno de ellos jugaba con un juguete y el otro dormía.
The kittens were very small.	Los gatitos eran muy pequeños.
The one that was sleeping was curled up into a ball.	El que estaba durmiendo estaba hecho un ovillo.
I couldn't even see her face.	Ni siquiera podía ver su rostro.
I didn't want to leave the pet store.	No quería salir de la tienda de mascotas.
I was wishing that I could take all of the animals home with me.	Deseaba poder llevarme a todos los animales a casa.

¡Importante! para descargar archivos de audio. Por favor, Siga este enlace. myeverydayrepertoire.com

9.6 The Zoo - El Zoológico

My class took a trip to the Toronto Zoo.	Mi clase hizo un viaje al zoológico de Toronto.
I had a wonderful time there.	Pasé un tiempo maravilloso allí.
My favorite animals were the lions.	Mis animales favoritos eran los leones.
They look very powerful and strong.	Se ven muy poderosos y fuertes.
They say that the lion is the king of the forest, and I think that title suits him.	Dicen que el león es el rey del bosque, y creo que ese título le sienta bien.
The monkeys were funny.	Los monos eran divertidos.
They were looking at us just as much as we looked at them.	Nos miraban tanto como nosotros los miramos a ellos.
They were swinging from branches and doing tricks to impress us.	Se balanceaban de las ramas y hacían trucos para impresionarnos.
There was a baby monkey that was clinging to its mother's back. It was very cute.	Había un mono bebé que se aferraba a la espalda de su madre. Fue muy lindo.
The tigers were pacing back and forth.	Los tigres se paseaban de un lado a otro.
They seemed restless.	Parecían inquietos.
The stripes on a tiger are very beautiful.	Las rayas de un tigre son muy hermosas.
We watched the tall giraffes as they nibbled leaves off the tallest trees.	Observamos a las jirafas altas mientras mordisqueaban las hojas de los árboles más altos.
We spoke to a colorful parrot that spoke back to us.	Hablamos con un loro colorido que nos respondió.
We saw exotic animals that we had never seen before.	Vimos animales exóticos que nunca antes habíamos visto.

¡Importante! para descargar archivos de audio. Por favor, Siga este enlace. myeverydayrepertoire.com

Some of them were very strange.	Algunos de ellos eran muy extraños.
There were different types of bears there.	Allí había diferentes tipos de osos.
There were black bears.	Había osos negros.
I saw a black bear once when I was camping up north.	Una vez vi un oso negro cuando estaba acampando en el norte.
We saw polar bears.	Vimos osos polares.
Polar bears are white.	Los osos polares son blancos.
They like the cold.	Les gusta el frío.
We even saw panda bears.	Incluso vimos osos panda.
One of my friends bought a toy panda bear from the gift shop because she thought that the pandas were so cute.	Una de mis amigas compró un oso panda de juguete en la tienda de regalos porque pensó que los pandas eran muy lindos.
We saw slithery snakes.	Vimos serpientes resbaladizas.
Some of the snakes had very bright skins.	Algunas de las serpientes tenían pieles muy brillantes.
Most of the girls were afraid of the snakes.	La mayoría de las chicas le tenían miedo a las serpientes.
The zoo keeper was looking after the snakes, and one of them hissed at him.	El cuidador del zoológico estaba cuidando a las serpientes y una de ellas le siseó.
He has to be very careful when he works with the snakes.	Tiene que tener mucho cuidado cuando trabaja con serpientes.
The last thing that we saw at the zoo was the elephant.	Lo último que vimos en el zoológico fue el elefante.
He was enormous.	Él era enorme.
He looked at us; then he raised his trunk and made a loud sound.	Nos miró; luego levantó su baúl e hizo un sonido fuerte.
It made us jump.	Nos hizo saltar

¡Importante! para descargar archivos de audio. Por favor, Siga este enlace. myeverydayrepertoire.com

9.7 A Surprise - *Una sorpresa*

Last Friday my dad came home from work and said that he had a surprise for us.	El viernes pasado mi papá llegó a casa del trabajo y dijo que tenía una sorpresa para nosotros.
We tried to guess what the surprise might be.	Intentamos adivinar cuál podría ser la sorpresa.
My brother guessed that we were going out for dinner.	Mi hermano supuso que íbamos a salir a cenar.
My dad said **"no."**	Mi papá dijo **"no"**.
My other brother asked if my father had tickets to a hockey game.	Mi otro hermano preguntó si mi padre tenía entradas para un partido de hockey.
My dad said **"no."**	Mi papá dijo **"no"**.
My sister asked if we were going on a trip.	Mi hermana preguntó si íbamos de viaje.
My dad said **"no."**	Mi papá dijo **"no"**.
My mother knew what the surprise was, so she just stood and smiled at us.	Mi madre sabía cuál era la sorpresa, así que se puso de pie y nos sonrió.
I guessed that we might be getting a swimming pool.	Supuse que podríamos tener una piscina.
My dad said **"no."**	Mi papá dijo **"no"**.
We were getting very frustrated trying to guess what the surprise might be.	Estábamos muy frustrados tratando de adivinar cuál podría ser la sorpresa.
My brother asked how big the surprise was.	Mi hermano preguntó qué tan grande era la sorpresa.
My dad said that the surprise was quite small.	Mi papá dijo que la sorpresa fue bastante pequeña.
We were not sure what the surprise could be.	No estábamos seguros de cuál podría ser la sorpresa.

¡Importante! para descargar archivos de audio. Por favor, Siga este enlace. myeverydayrepertoire.com

"Will we all like it?" I asked.	"¿Nos gustará a todos?" Yo pregunté.
"Yes" my dad replied.	**"Sí"** respondió mi papá.
Every one of you will love this surprise.	A todos les encantará esta sorpresa.
We heard a noise.	Oímos un ruido.
It was a crying noise.	Fue un ruido de llanto.
"Your surprise wants to see you," my dad said.	**"Tu sorpresa quiere verte"**, dijo mi papá.
He opened the door to the bedroom, and a tiny puppy came running out.	Abrió la puerta del dormitorio y salió corriendo un cachorrito.
We were all very excited.	Estábamos muy emocionados.
Our surprise was a puppy.	Nuestra sorpresa fue un cachorro.
It was a little baby spaniel.	Era un pequeño spaniel bebé.
The puppy loved all of us.	El cachorro nos amaba a todos.
She ran around and licked all of our faces.	Corrió y lamió todas nuestras caras.
We had always wanted a dog.	Siempre habíamos querido un perro.
We take turns feeding the puppy and taking her out for walks.	Nos turnamos para alimentar al cachorro y sacarlo a pasear.
She is growing quickly and will soon be an adult dog.	Está creciendo rápidamente y pronto será un perro adulto.
We all agree that the puppy was the nicest surprise that my dad could have given us.	Todos coincidimos en que el cachorro fue la sorpresa más agradable que nos pudo haber dado mi papá.

¡Importante! para descargar archivos de audio. Por favor, Siga este enlace. myeverydayrepertoire.com

10 CAPÍTULO JOB- Trabajo
Vocabulary Overview- Resumen de vocabulario

Firefighter	Bombero
Female	Mujer
Exercise	Ejercicio
To Lift	Levantar
Weight	Peso
Muscles	Músculos
Strong	Fuerte
Save	Ahorrar
Doctor	Médico
Nurse	Enfermero
Hospital	Hospital
Put-Out	Apagar
Fire	Fuego
Policemen	Policías
Actor	Actor
Stage	Etapa
Movie	Película
Taxi	Taxi
Pilot	Piloto
Drive	Manejar
Sales Clerk	Empleado de ventas
Store	Tienda
Player	Jugador
Baseball Player	Jugador de baseball
Hockey Player	Jugador de hockey
Dentist	Dentista
Teeth	Dientes
Lawyer	Abogado
Hairdresser	Peluquero
Barber	Babero
Carpenter	Carpentero
Mechanic	Mecanico

¡Importante! para descargar archivos de audio. Por favor, Siga este enlace. myeverydayrepertoire.com

Travel	Viajar
Stewardess	Azafata
Travel Agent	Agente de viajes
Teacher	Profesor
Photographer	Fotógrafo
Artistic	Artístico
Creative	Creativo
Artist	Artista
Writer	Escritor
Build	Construir
Veterinarian	Veterinario
To Cook	Cocinar
A Cook	Una cocinero(a)
A Chef	Un chef
Fix	Reparar
Computers	Ordenadores
Library	Biblioteca
Captain Ship	Barco Capitán
Office	Oficina
Tools	Herramientas
Wash	Lavar
Telephone	Teléfono
Secretary	Secretario
Answer	Respuesta
Desk	Escritorio
Note Pad	Bloc de notas
Stapler	Engrapadora
To Staple	Grapar
Photocopier	Fotocopiadora
Copy	Copia
Pencil Sharpener	Sacapuntas
To Sharpen	Afilar
Water Cooler	Enfriador de agua
Hole Punch	Perforadora
Liquid Paper	Papel liquido
To Blank-Out	Para dejar en blanco
Employee	Empleado

¡Importante! para descargar archivos de audio. Por favor, Siga este enlace. myeverydayrepertoire.com

Desk	Escritorio
Receptionist	Recepcionista
Boss	Jefe
Document	Documento
Fill-Out	Llenar
A Form	Una forma
Fill With	Relleno con
Information Doctor	Médico Informativo
Feel Well	Sentirse bien
To Have a Sore Throat	Tener un dolor de garganta
White Jacket	Chaqueta blanca
Tonsils	Anginas
A Light	Una luz
Ears	Orejas
A Stick	Un palo
Tongue	Lengua
Shine	Brillar
Red Neck	Cuello rojo
Temperature	Temperatura
Heart	Corazón
Cough	Tos
As Question	Como pregunta
To Do Test	Para hacer la prueba
Take Out Blood Of	Sacar sangre de
Scared	Asustado
Hurt	Daño
Pills	Pastillas
Take Pills	Toma pastillas
Fluid	Líquido
To Get Plenty of Sleep	Dormir lo suficiente
Dentist	Dentista
Go to See a Doctor	Ir a ver a un médico
To Tie	Atar
Bib	Babero
Chin	Barbilla

¡Importante! para descargar archivos de audio. Por favor, Siga este enlace. myeverydayrepertoire.com

Examine	Examinar
Silver Tools	Herramientas de plata
Front Teeth	Dientes frontales
Back Teeth	Muelas
Molar	Molar
Open Wide	Abierto
Mirror	Espejo
Cavity	Cavidad
Eat Candy	Comer dulce
Dental Floss	Hilo dental
Floss One's Teeth	Usar hilo dental en los dientes
Brush My Teeth	Cepillarme los dientes
Healthy Sharp Tool	Herramienta afilada saludable
Put Polish On	Poner el esmalte
Rinse Out	Enjuagar
To Smile	Sonreír
Grocery Store	Tienda de comestibles
A Pay Cheque	Un cheque de pago
Cheque Brit. Check USA	cheque
To Wear	Usar
Uniform	Uniforme
To Collect	Coleccionar
Cart	Carro
Parking Lot	Estacionamiento
Bring Into	Tráelo dentro
Back Into	De vuelta en
Produce	Producir
Carrot	Zanahoria
Lettuce	Lechuga
Cabbage	Repollo
Cucumber	Pepino
Bean	Frijol
Fruit	Fruta
Stand	Pararse
Apple	Manzana

¡Importante! para descargar archivos de audio. Por favor, Siga este enlace. myeverydayrepertoire.com

Banana	plátano
Grape	Uva
To Put Out	Para poner afuera
To Stack Up	Para apilar
Cereal	Cereal
Cookie	Galleta
Careful	Cuidadoso
Box	Caja
Cans	Latas
Also	También
Shelves	Estantería
Police	Policía
Policeman	Policía
Way	Camino
To Remember	Recordar
Uniforms	Uniformes
Police Officer	Oficial de policía
Dangerous	Peligroso
Break The Law	Violar la ley
To Chase	Para perseguir
Calm Down	Cálmate
Stand	Pararse
Training	Capacitación
To Deal With	Lidiar con
Effectively	Efectivamente
Police Dog	Perro policía
Police Car	Coche de policía
Track Down	Rastrear
Smart	Inteligente
Hidden	Oculto
Criminals	Criminales
Partners	Socios
Side	Lado
Road	Camino
Speed	Velocidad
Seat Belt	Cinturón de seguridad

¡Importante! para descargar archivos de audio. Por favor, Siga este enlace. myeverydayrepertoire.com

English	Español
To Warn	Advertir
To Arrest	Arrestar
To Put S.O In Jail	Poner a alguien en la cárcel
Jail	Celda
Safe	A salvo
To Grow Up	Crecer
Choice	Elección
Principal	Principal
Teacher	Profesor
Veterinarian	Veterinario
Shot	Disparo
Farmer	Granjero
To Doctor	Al doctor
Grow	Crecer
Doctor	Médico
To Cure	Curar
Famous	Famoso
Fireman	Bombero
To Rescue	Rescatar
Musician	Músico
Lawyer	Abogado
To Defend	Defender
To Be Able To	Ser capaz de
Carpenter	Carpintero
Wood	Madera
Welder	Soldador
Pilot	Piloto
Captain	Capitán
Repairman	Reparador
Artist	Artista
Require	Exigir
A Lot Of	Un montón de
A Little Bit Of	Un poco de

¡Importante! para descargar archivos de audio. Por favor, Siga este enlace. myeverydayrepertoire.com

10.1 Jennifer the Firefighter
Jennifer El Bombero

Jennifer Smith is a firefighter.	Jennifer Smith es bombero.
She is one of the first female firefighter	Ella es una de las primeras mujeres bombero
Jennifer works hard every day.	Jennifer trabaja duro todos los días.
Jennifer exercises every day.	Jennifer hace ejercicio todos los días.
She lifts weights.	Ella levanta pesas.
She wants her muscles to be very strong.	Quiere que sus músculos sean muy fuertes.
She saves people's lives every day.	Ella salva la vida de las personas todos los días.
She is very strong.	Ella es muy fuerte.
Jennifer is married.	Jennifer está casada.
Her husband is a school teacher.	Su esposo es maestro de escuela.
Jennifer's husband is proud of her.	El esposo de Jennifer está orgulloso de ella.
Jennifer is a mother.	Jennifer es madre.
She has two daughters.	Tiene dos hijas.
Jennifer's daughters are proud of her Too.	Las hijas de Jennifer también están orgullosas de ella.
Jennifer is happy being a firefighter.	Jennifer está feliz de ser bombero.
Jennifer is happy being a wife.	Jennifer está feliz de ser esposa.
Jennifer is happy being a mother.	Jennifer está feliz de ser madre.

¡Importante! para descargar archivos de audio. Por favor, Siga este enlace. myeverydayrepertoire.com

10.2 Jobs - *Trabajos*

There are many different jobs that you can choose from.	Hay muchos trabajos diferentes entre los que puede elegir.
You can be a doctor or a nurse.	Puede ser médico o enfermero.
You could work in a hospital or doctor's office.	Podría trabajar en un hospital o en un consultorio médico.
You might be a firefighter and put out fires.	Podrías ser bombero y apagar incendios.
A policeman enforces the law.	Un policía hace cumplir la ley.
An actor plays roles on stage or in the movies.	Un actor interpreta papeles en el escenario o en las películas.
You could drive a taxi or be the pilot of an Airplane.	Podrías conducir un taxi o ser piloto de avión.
What kinds of things do you like to do? You might want to be a sales clerk in a store.	¿Qué tipo de cosas te gusta hacer? Es posible que desee ser empleado de ventas en una tienda.
Maybe you are good at a sport.	Quizás seas bueno en un deporte.
You could be a baseball player or a hockey player.	Podrías ser un jugador de béisbol o de hockey.
Being a dentist is a good job.	Ser dentista es un buen trabajo.
A dentist fixes teeth.	Un dentista arregla los dientes.
If you are good at arguing, you might want to be a lawyer.	Si eres bueno discutiendo, es posible que desees ser abogado.
Do you like to fix people's hair? You could be a hairdresser or a barber.	¿Te gusta arreglar el cabello de las personas? Podrías ser peluquero o barbero.
If you are good with your hands, you might want to be a carpenter or a mechanic.	Si eres bueno con tus manos, quizás quieras ser carpintero o mecánico.

¡Importante! para descargar archivos de audio. Por favor, Siga este enlace. myeverydayrepertoire.com

If you like to travel, you could be a stewardess or a travel agent.	Si te gusta viajar, podrías ser azafata o agente de viajes.
You could be a teacher or a photographer.	Podrías ser profesor o fotógrafo.
Are you artistic or creative? You might want to be an artist or a writer.	¿Eres artístico o creativo? Quizás quieras ser artista o escritor.
You could work on construction and build houses.	Podrías trabajar en la construcción y construir casas.
You could look after animals and be a veterinarian.	Podrías cuidar animales y ser veterinario.
If you like to cook, you could be a cook or a chef.	Si le gusta cocinar, puede ser cocinero o chef.
There are so many places to work, and so many jobs to do.	Hay tantos lugares para trabajar y tantos trabajos que hacer.
Maybe you could fix computers or work in a library.	Tal vez podrías arreglar computadoras o trabajar en una biblioteca.
You could wash windows or be the captain of a ship.	Podrías lavar ventanas o ser el capitán de un barco.
There is no limit to what you can be.	No hay límite para lo que puedes ser.

¡Importante! para descargar archivos de audio. Por favor, Siga este enlace. myeverydayrepertoire.com

10.3 The Office - La oficina

Some people work in an office.

There are special tools that people in an office need to do their work.
There is a computer in the office.

There is a telephone.
Most of the time, the secretary answers the telephone.
The secretary sits at a desk.

The secretary has pens and pencils on the desk.
The secretary writes on a note pad.
Some other things that you would find in an office would include the following: a stapler to staple pages together, a photocopier to copy pages, a pencil sharpener to sharpen pencils, a water cooler where the employees could get a drink of water, a hole punch to make holes in sheets of paper, and liquid paper which is used to blank out errors on a page.

Algunas personas trabajan en una oficina.

Hay herramientas especiales que las personas en una oficina necesitan para hacer su trabajo.
Hay una computadora en la oficina.

Hay un telefono.
La mayoría de las veces, la secretaria contesta el teléfono.
La secretaria se sienta en un escritorio.

La secretaria tiene bolígrafos y lápices sobre el escritorio.
La secretaria escribe en un bloc de notas.
Algunas otras cosas que encontraría en una oficina incluirían lo siguiente: una engrapadora para engrapar páginas juntas, una fotocopiadora para copiar páginas, un sacapuntas para afilar lápices, un enfriador de agua donde los empleados pudieran tomar un trago de agua, un agujero Perforadora para hacer agujeros en hojas de papel y papel líquido que se usa para tachar errores en una página.

¡Importante! para descargar archivos de audio. Por favor, Siga este enlace. myeverydayrepertoire.com

Some offices have many employees in them.	Algunas oficinas tienen muchos empleados.
All of the employees have their own desks.	Todos los empleados tienen sus propios escritorios.
Other offices just have one person at a desk.	Otras oficinas solo tienen una persona en un escritorio.
In some offices, there is a secretary or a eceptionist, and then there is the boss in another room.	En algunas oficinas, hay una secretaria o una recepcionista, y luego está el jefe en otra habitación.
There are often many important papers in an office.	A menudo hay muchos documentos importantes en una oficina.
Important papers can be called documents.	**Los papeles importantes** se pueden llamar documentos.
You might have to sign a document or fill out a form in an office.	Es posible que deba firmar un documento o completar un formulario en una oficina.
Some offices have bookshelves filled with books.	Algunas oficinas tienen estanterías llenas de libros.
The books are filled with information that the people in the office need.	Los libros están llenos de información que la gente de la oficina necesita.
You will have to visit an office sometime.	Tendrá que visitar una oficina en algún momento.
Maybe it will be a doctor's office or a lawyer's office.	Tal vez sea el consultorio de un médico o el consultorio de un abogado.
There are many different types of offices.	Hay muchos tipos diferentes de oficinas.

¡Importante! para descargar archivos de audio. Por favor, Siga este enlace. myeverydayrepertoire.com

10.4 The Doctor - *El doctor*

I didn't feel very well last week.	No me sentí muy bien la semana pasada.
I had a sore throat and a fever.	Tenía dolor de garganta y fiebre.
My mother took me to see the doctor.	Mi madre me llevó a ver al médico.
When we got there, the nurse took my name and said that the doctor would be with me soon.	Cuando llegamos, la enfermera tomó mi nombre y dijo que el médico estaría conmigo pronto.
The doctor was a very nice man in a white jacket.	El médico era un hombre muy agradable con una chaqueta blanca.
I had seen the doctor before when I had my tonsils out at the hospital.	Había visto al médico antes cuando me sacaron las amígdalas en el hospital.
The doctor took a light and looked in my ears.	El médico tomó una luz y miró en mis oídos.
He put a stick on my tongue, and he shone his light into my mouth.	Puso un palito en mi lengua e iluminó mi boca con su linterna.
He looked at my throat.	Me miró la garganta.
He said that my throat was a bit swollen and red.	Dijo que mi garganta estaba un poco hinchada y roja.
He felt my neck and said that my glands were swollen.	Palpó mi cuello y dijo que mis glándulas estaban hinchadas.
He took my temperature and said that it was quite high.	Me tomó la temperatura y dijo que estaba bastante alta.
He listened to my heart, and he made me cough.	Escuchó mi corazón y me hizo toser.
He asked me some questions.	Me hizo algunas preguntas.
He said that he might have to do some tests.	Dijo que podría tener que hacer algunas pruebas.

¡Importante! para descargar archivos de audio. Por favor, Siga este enlace. myeverydayrepertoire.com

He sent me to get some blood taken out of my arm.	Me envió a sacar un poco de sangre de mi brazo.
I was scared, but it didn't really hurt.	Estaba asustado, pero en realidad no me dolió.
The doctor gave me some pills and told me to take one in the morning and one at night.	El médico me dio unas pastillas y me dijo que tomara una por la mañana y otra por la noche.
He told me to drink a lot of fluids.	Me dijo que bebiera muchos líquidos.
He told me to get plenty of sleep.	Me dijo que durmiera lo suficiente.
I did exactly what the doctor told me to do.	Hice exactamente lo que el médico me dijo que hiciera.
It wasn't very long before I was feeling well again.	No pasó mucho tiempo antes de que me volviera a sentir bien.
I think that I might like to be a doctor when I grow up.	Creo que me gustaría ser médico cuando sea grande.
I would like to make people feel better.	Me gustaría que la gente se sintiera mejor.

¡Importante! para descargar archivos de audio. Por favor, Siga este enlace. myeverydayrepertoire.com

10.5 The Dentist - El dentista

My friend's father is a dentist.	El padre de mi amigo es dentista.
He has an office near my house.	Tiene una oficina cerca de mi casa.
I went to see him on Thursday.	Fui a verlo el jueves.
His nurse told me to sit in a very big chair.	Su enfermera me dijo que me sentara en una silla muy grande.
She tied a bib under my chin.	Ella ató un babero debajo de mi barbilla.
The dentist came in.	Entró el dentista.
He examined my teeth with some shiny silver tools.	Examinó mis dientes con unas herramientas plateadas brillantes.
He looked at my front teeth and my back teeth.	Miró mis dientes delanteros y mis dientes posteriores.
He told me that the back teeth were called molars.	Me dijo que los dientes posteriores se llamaban molares.
He told me to **"open wide."**	Me dijo que **"abriera de par en par"**.
He had a little mirror that he used to look at my teeth.	Tenía un pequeño espejo que usaba para mirarme los dientes.
He said that I had good strong teeth.	Dijo que tenía buenos dientes fuertes.
He told me that I didn't have any cavities.	Me dijo que no tenía caries.
I told him that I didn't eat a lot of candies and that I always brushed my teeth after every meal.	Le dije que no comía muchos dulces y que siempre me cepillaba los dientes después de cada comida.
He said that was very good.	Dijo que estaba muy bien.

¡Importante! para descargar archivos de audio. Por favor, Siga este enlace. myeverydayrepertoire.com

He asked me if I flossed my teeth, and I said, **"Yes, I use dental floss every day."**	Me preguntó si me había usado hilo dental y le dije: **"Sí, uso hilo dental todos los días".**
He told me that my teeth were healthy because I took very good care of them.	Me dijo que mis dientes estaban sanos porque los cuidé muy bien.
He left and told me to keep up the good work.	Se fue y me dijo que siguiera con el buen trabajo.
The dental hygienist came in, and she said that she would clean my teeth for me.	La higienista dental entró y dijo que me limpiaría los dientes.
She scraped my teeth with a sharp tool, and then she put some polish on my teeth and began to clean them.	Me raspó los dientes con una herramienta afilada, luego me puso un poco de pulimento y comenzó a limpiarlos.
When she was done, she told me to spit into a bowl, and then I rinsed my mouth out with water.	Cuando terminó, me dijo que escupiera en un cuenco y luego me enjuagué la boca con agua.
I looked into a mirror and saw that my teeth were very shiny and white.	**Me miré en un espejo** y vi que mis dientes estaban muy brillantes y blancos.
If I take care of my teeth, I'll have them forever.	Si me cuido los dientes, los tendré para siempre.
I would like to keep my teeth healthy and white.	Me gustaría mantener mis dientes sanos y blancos.
I like to smile.	Me gusta sonreír.

¡Importante! para descargar archivos de audio. Por favor, Siga este enlace. myeverydayrepertoire.com

10.6   My First Job - Mi primer trabajo

I just got a job at the grocery store.	Acabo de conseguir un trabajo en la tienda de comestibles.
This is my first job.	Este es mi primer trabajo.
I will receive a pay cheque every two weeks.	Recibiré un cheque de pago cada dos semanas.
I wear a uniform.	**Uso uniforme.**
The uniform has the name of the grocery store on it.	El uniforme tiene el nombre de la tienda de comestibles.
I have many jobs at the grocery store.	Tengo muchos trabajos en la tienda de comestibles.
I have to collect all the carts from the parking lot and bring them back into the store.	Tengo que recoger todos los carros del estacionamiento y traerlos de regreso a la tienda.
I have to put all the produce out for the people to see.	Tengo que poner todo el producto a la vista de la gente.
I will be putting out the vegetables.	Estaré Saliendo las verduras.
There are carrots, lettuce, cabbages, cucumbers and beans to put out this morning.	Hay zanahorias, lechugas, coles, pepinos y frijoles para sacar esta mañana.
I also have to put the fruit out on the stands so that it looks nice.	También tengo que poner la fruta en los puestos para que se vea bien.
The oranges roll away when I put them out, so I have to be careful.	Las naranjas ruedan cuando las apago, así que tengo que tener cuidado.
I put out the apples, bananas and grapes.	Saco las manzanas, los plátanos y las uvas.

¡Importante! para descargar archivos de audio. Por favor, Siga este enlace. myeverydayrepertoire.com

I stack boxes up so that people can buy cereal and cookies.	Apilo cajas para que la gente pueda comprar cereales y galletas.
I have to be careful, or the boxes will fall.	Tengo que tener cuidado o las cajas se caerán.
There are cans of things which also need to be placed on the shelves.	Hay latas de cosas que también deben colocarse en los estantes.

10.7 The Police - La *policía*

My mother always told me that if I was lost I could go up to a policeman and that he would help me to find my way home.	Mi madre siempre me decía que si me perdía podía acercarme a un policía y que me ayudaría a encontrar el camino a casa.
I never did get lost, but I always remembered what my mother told me about the police.	Nunca me perdí, pero siempre recordé lo que me dijo mi madre sobre la policía.
I think policemen look very nice in their uniforms.	Creo que los policías se ven muy bien con sus uniformes.
I see police officers drive by in their police cars.	Veo a los agentes de policía pasar en sus coches de policía.
In my town we even have police officers on bicycles.	En mi pueblo incluso tenemos policías en bicicleta.
Policemen and policewomen have a job that can sometimes be dangerous.	Los policías y las mujeres policía tienen un trabajo que a veces puede ser peligroso.
They have to catch people who break the law.	Tienen que atrapar a las personas que infringen la ley.
Sometimes, they have to chase people or try to calm people down.	A veces, tienen que perseguir a la gente o tratar de calmarla.

¡Importante! para descargar archivos de audio. Por favor, Siga este enlace. myeverydayrepertoire.com

To be a police officer you need a lot of training.	Para ser oficial de policía se necesita mucha formación.
It is important to be able to deal with people effectively.	Es importante poder tratar con las personas de manera eficaz.
A police officer came to our school.	Un oficial de policía vino a nuestra escuela.
He had a police dog with him.	Tenía un perro policía con él.
The officer showed us how the dog could track down criminals.	El oficial nos mostró cómo el perro podía rastrear a los criminales.
The dog was very smart.	El perro era muy inteligente.
He could even find things that were hidden.	Incluso podía encontrar cosas que estaban ocultas.
Criminals sometimes hide things that they don't want the police to find.	Los delincuentes a veces esconden cosas que no quieren que la policía encuentre.
The policeman told us that he and his dog were partners.	El policía nos dijo que él y su perro eran socios.
His dog lives at his house with the policeman and his family.	Su perro vive en su casa con el policía y su familia.
Sometimes I see police cars on the side of the road.	A veces veo coches de la policía al costado de la carretera.
The police stop people who are speeding or are not wearing their seatbelts.	La policía detiene a las personas que van a exceso de velocidad o que no usan el cinturón de seguridad.
The police officers warn people or give out tickets.	Los policías advierten a la gente o reparten multas.
Sometimes they even have to arrest people.	A veces incluso tienen que arrestar personas.

¡Importante! para descargar archivos de audio. Por favor, Siga este enlace. myeverydayrepertoire.com

Police officers are just doing their job when they arrest people.	Los agentes de policía simplemente están haciendo su trabajo cuando arrestan a la gente.
Some people need to be arrested and put in jail to make it safer for the rest of us.	Algunas personas necesitan ser arrestadas y encarceladas para que sea más seguro para el resto de nosotros.

10.8 When I Grow Up - Cuando sea grande

I have been thinking about what I'd like to be when I grow up.	He estado pensando en lo que me gustaría ser cuando sea mayor.
There are so many choices.	Hay tantas opciones.
I could be a principal like my father.	Podría ser un director como mi padre.
I could be a teacher.	Podría ser maestra.
I like animals.	Me gustan los animales.
Maybe I should be a veterinarian.	Quizás debería ser veterinario.
My cat just went to the veterinarian to get her shots.	Mi gata acaba de ir al veterinario para vacunarse.
I don't think my cat was too happy to be there.	No creo que mi gato estuviera muy feliz de estar allí.
I could be a farmer and grow vegetables.	Podría ser agricultor y cultivar verduras.
Maybe I could be a doctor and cure people.	Tal vez podría ser médico y curar a la gente.
If I was good enough, I could be a famous sports person or a singer.	Si fuera lo suficientemente bueno, podría ser un deportista famoso o un cantante.

¡Importante! para descargar archivos de audio. Por favor, Siga este enlace. myeverydayrepertoire.com

I could be an actor on television or in the movies.	Podría ser actor en televisión o en películas.
Maybe I would like to be a policeman or a fireman.	Quizás me gustaría ser policía o bombero.
I could rescue people.	Podría rescatar gente.
I can play the piano.	Puedo tocar el piano.
Maybe I should be a musician.	Quizás debería ser músico.
I could be a lawyer.	Podría ser abogado.
I sometimes watch shows about lawyers defending people.	A veces veo programas sobre abogados que defienden a personas.
Lawyers have to be able to speak well.	Los abogados deben poder hablar bien.
I could be a carpenter and work with wood, or I could be a welder and work with metal.	Podría ser carpintero y trabajar con madera, o podría ser soldador y trabajar con metal.
There are just so many jobs.	Hay tantos trabajos.
I could work in a restaurant.	Podría trabajar en un restaurante.
I could cook food, or I could serve food.	Podría cocinar comida o podría servir comida.
I could be an airline pilot or the captain of a ship.	Podría ser piloto de aerolínea o capitán de barco.
I could be a repairman or an artist.	Podría ser reparador o artista.
The world is full of jobs.	El mundo está lleno de trabajos.
Some of the jobs require a lot of education.	Algunos de los trabajos requieren mucha educación.
Some require a little bit of training, and some require a lot of training.	Algunos requieren un poco de entrenamiento y otros requieren mucho entrenamiento.

¡Importante! para descargar archivos de audio. Por favor, Siga este enlace. myeverydayrepertoire.com

It's all up to me.	Todo depende de mi.
I can be whatever I want to be.	Puedo ser lo que quiera ser.

11   CAPÍTULO FOOD - comida
Vocabulary Overview Resumen de vocabulario

Meals	Comidas
Breakfast	Desayuno
Rush	Prisa
Toast Cereal	Cereal tostado
Orange juice	zumo de naranja
Bacon	Tocino
Eggs	Huevos
Cup of coffee	taza de cafe
Lunch	Almuerzo
Sandwich	Sandwich
A drink	Una bebida
A drink of juice	Un trago de jugo
Milk	Leche
Salad	Ensalada
Tuna	Atún
Roast beef	Carne asada
Ham sandwich	Sandwich de jamón
Treat	Tratar
Supper time	Hora de la cena
Sit around	Sentarse alrededor
Supper	Cena
Spaghetti	Espaguetis

¡Importante! para descargar archivos de audio. Por favor, Siga este enlace. myeverydayrepertoire.com

Roast of beef	Carne asada
Potatoes	Patatas
Vegetables	Verduras
Chicken	Pollo
Soups	Sopas
Stew	Estofado
Casserole	Cazuela
Milk	Leche
Wine	Vino
To Set the Table	Poner la mesa
Fork	Tenedor
Knife	Cuchillo
Spoon Glass	Cuchara de vidrio
To Fill	Llenar
Dresser	Cajon
Ice cream	Helado
Cake	Pastel
Pie	Tarta
Peach	Durazno
Apples	Manzanas
Plum	Ciruela
Banana	Banana
Cup of tea	taza de té
Wash the dishe	Lavar el plato
Fruit	Fruta
Tree	Árbol
Apple	Manzana
Red, Yellow, Green apple	Manzana roja, amarilla y verde

¡Importante! para descargar archivos de audio. Por favor, Siga este enlace. myeverydayrepertoire.com

Ripen	Madurar
Peach	Durazno
Cherry Pit	Hueso de ceresa
To Climb	Escalar
Ladder	Escalera
Edible	Comestible
Pear	Pera
Lemon	Limón
Sour	Agrio
Strawberry	Fresa
To bond down	Unir
To pick	Para recoger
Fuzzy	Difuso
Grape	Uva
Berry	Baya
Black Berry	Mora
Blue Berry	Arándano
Raspberry	Frambuesa
Cranberry	Arándano
Just to name a few	Sólo para nombrar unos pocos
Exotic Mangos	Mangos exóticos
Papaya	Papaya
Bananas	Plátanos
Oranges	Naranjas
Climate	Clima
To peel	Pelar

¡Importante! para descargar archivos de audio. Por favor, Siga este enlace. myeverydayrepertoire.com

To wash	Lavar
Crop	Cultivo
Pesticide	Pesticida
Bug	Bicho
Vegetables	Verduras
Serving	Servicio
Green pear	Pera verde
Peas	Chícharos
CornCob	Mais/Elote/ mazorca
Carrot	Zanahoria
Raw	Crudo
Bean	Frijol
String Beans	Judías verdes
Kidney Beans	Frijoles
Baked beans	Frijoles horneados
Broccoli	Brócoli
Brussels sprout	Coles de Bruselas
Cabbage	Repollo
Salad	Ensalada
Lettuce	Lechuga
Celery	Apio
Cucumber	Pepino
Radish	Rábano
Cauliflower	Coliflor
Root vegetable	Tubérculo
Beet	Remolacha
Parsnips	Chirivías

¡Importante! para descargar archivos de audio. Por favor, Siga este enlace. myeverydayrepertoire.com

Grocery shopping	Compras de comestibles
Aisles	Pasillos
Bin	Compartimiento
Bakery	Panadería
Cakes	Tortas
Pie	Tarta
Cookies	Galletas
Tart	Tarta
Bread	Un pan
Burn	Quemar
Bagels	Bagels
Biscuits	Galletas
Can	lata
Goods	Articulos
Canned goods	Comida enlatada
Sauce	Salsa
Soup	Sopa
Dairy product	Producto lácteo
Milk	Leche
Cream	Crema
Cheese	Queso
Butter	Mantequilla
Yogurt	Yogur
Dairy Section	Seccion de lacteos
Meat department	Departamento de carnes
Beef	Carne de vaca
Pork	Cerdo
Chicken	Pollo

¡Importante! para descargar archivos de audio. Por favor, Siga este enlace. myeverydayrepertoire.com

Duck	Pato
Goose	Ganso
Cold cuts (slices of cooked meat that are served cold)	Embutidos (rebanadas de carne cocida que se sirven frías)
Ham	jamón
Baloney	Camelo
Butcher	carnicero
Shampoo	Champú
Tooth paste	Pasta dental
Soap	Jabón
Host/hostess	Huésped
Seat	Asiento
Table	Mesa
Booth	Puesto, cabina
Menu	Menú
Cutlery	Cuchillería
Knife	Cuchillo
Fork	Tenedor
Spoon	Cuchara
Napkin	Servilleta
Lap	Vuelta
Waiter	Camarero
Appetizer	Aperitivo
Meal	Comida
Dessert	Postre
Pay the bill	Paga la cuenta
Leave a tip	Deja una propina
Food	Comida

¡Importante! para descargar archivos de audio. Por favor, Siga este enlace. myeverydayrepertoire.com

Hot dogs	Perros calientes
Hamburger	Hamburguesa
Steak	Filete
Cheese	Queso
Ice cream	Helado
Yogurt	Yogur
Orchard	Huerta
Farm	Granja
Potato chips	Papas fritas

¡Importante! para descargar archivos de audio. Por favor, Siga este enlace. myeverydayrepertoire.com

11.1   Meals - Comida

Breakfast is very rushed at our house.	El desayuno es muy apresurado en nuestra casa.
My brothers and sisters and I have toast or cereal.	Mis hermanos y hermanas y yo tenemos tostadas o cereales.
We also have orange juice.	También tenemos jugo de naranja.
On weekends my mother makes bacon and eggs for us.	Los fines de semana, mi madre nos prepara huevos con tocino.
My father just has a cup of coffee for breakfast.	Mi padre acaba de desayunar una taza de café.
My mother packs a lunch for all of us.	Mi madre prepara un almuerzo para todos.
We usually have a sandwich, a piece of fruit and a drink of juice or milk.	Solemos tomar un bocadillo, una pieza de fruta y un trago de jugo o leche.
My favorite sandwiches are egg salad, tuna, roast beef and ham.	Mis sándwiches favoritos son ensalada de huevo, atún, rosbif y jamón.
My brother always wants peanut butter and jam sandwiches.	Mi hermano siempre quiere sándwiches de mantequilla de maní y mermelada.
My mother sometimes packs a treat for us.	Mi madre a veces es un dulce para nosotros.
Today we had cookies with our lunch.	Hoy comimos galletas con nuestro almuerzo.
At supper time, the family sits around the table and talks about what they Did all day.	A la hora de la cena, la familia se sienta a la mesa y habla sobre lo que Hice todo el día.
My mother makes good suppers.	Mi madre hace buenas cenas.
We sometimes have spaghetti.	A veces comemos espaguetis.

¡Importante! para descargar archivos de audio. Por favor, Siga este enlace. myeverydayrepertoire.com

My mother makes a roast of beef with potatoes and vegetables quite often.	Mi madre hace un asado de ternera con patatas y verduras con bastante frecuencia.
She makes many different dishes out of chicken.	Hace muchos platos diferentes con pollo.
She makes soups or stews.	Hace sopas o guisos.
She also makes casseroles.	Ella también hace guisos.
My brothers and sisters and I have milk with our dinner.	Mis hermanos y hermanas y yo tomamos leche con nuestra cena.
My parents sometimes have wine with their dinner.	Mis padres a veces toman vino con la cena.
Sometimes we have salad before our dinner.	A veces comemos ensalada antes de la cena.
I set the table for my mother.	Puse la mesa para mi madre.
I put out the forks, the knives and spoons.	Saco los tenedores, los cuchillos y las cucharas.
I also put out glasses and fill them full of milk or water.	También saco vasos y los lleno de leche o agua.
For dessert, we sometimes have ice cream, cake or pie.	De postre, a veces tenemos helado, pastel o tarta.
My mother said that it is better to have fruit because it is better for you.	Mi madre decía que es mejor comer fruta porque es mejor para ti.
Tonight I ate a peach for dessert.	Esta noche comí un durazno de postre.
My favorite fruits are apples, peaches, plums and bananas.	Mis frutas favoritas son manzanas, melocotones, ciruelas y plátanos.
After supper, my mother always has a cup of tea with sugar and cream in it.	Después de la cena, mi madre siempre toma una taza de té con azúcar y crema.
After dinner, I help my mother with the dishes.	Después de la cena, ayudo a mi madre a lavar los platos.
Usually she washes the dishes, and I will dry them.	Por lo general, ella lava los platos y yo los seco.

¡Importante! para descargar archivos de audio. Por favor, Siga este enlace. myeverydayrepertoire.com

11.2   Fruit -Fruta

Some fruit grows on trees.	Algunas frutas crecen en los árboles.
Apples grow on trees.	Las manzanas crecen en los árboles.
You can get red, yellow or green apples.	Puedes conseguir manzanas rojas, amarillas o verdes.
Some apples are green until they ripen; then they turn red.	Algunas manzanas son verdes hasta que maduran; luego se ponen rojos.
Peaches grow on trees.	Los duraznos crecen en los árboles.
Peaches have a fuzzy skin.	Los melocotones tienen una piel peluda.
Cherries grow on trees.	Las cerezas crecen en los árboles.
You can climb a ladder and pick cherries from the tree.	Puedes subir una escalera y recoger cerezas del árbol.
Cherries and peaches have pits inside them.	Las cerezas y los melocotones tienen huesos en su interior.
The pits are not edible.	Los huesos no son comestibles.
Pears also grow on trees.	Las peras también crecen en los árboles.
Lemons grow on trees.	Los limones crecen en los árboles.
They are very sour.	Son muy amargos.
Have you ever picked strawberries? Strawberries do not grow on trees.	¿Alguna vez has recogido fresas? Las fresas no crecen en los árboles.
You have to bend down to pick strawberries.	Tienes que agacharte para recoger fresas.
Have you ever tried strawberry shortcake? It is very good.	¿Alguna vez has probado la tarta de fresa? Es muy bueno.

¡Importante! para descargar archivos de audio. Por favor, Siga este enlace. myeverydayrepertoire.com

Grapes grow on vines.	Las uvas crecen en las vides.
People use grapes to make wine.	La gente usa uvas para hacer vino.
There are many types of berries.	Hay muchos tipos de bayas.
There are blackberries, blueberries, raspberries and cranberries, just to name a few.	Hay moras, arándanos, frambuesas y arándanos, solo por nombrar algunos.
Some fruits are more exotic.	Algunas frutas son más exóticas.
There are mangos and papayas.	Hay mangos y papayas.
They don't grow in Canada.	No crecen en canada.
Bananas and oranges don't grow in a Canadian climate either, but we are able to buy them here.	Los plátanos y las naranjas tampoco crecen en un clima español, pero podemos comprarlos aquí.
Some fruits have to be peeled, and some can be eaten as they are.	Algunas frutas tienen que pelarse y otras se pueden comer tal como están.
It is always a good idea to wash fruit before you eat it.	Siempre es una buena idea lavar la fruta antes de comerla.
The farmers spray the crops with pesticides to kill bugs, so it is good to wash that off.	Los agricultores rocían los cultivos con pesticidas para matar los insectos, por lo que es bueno lavarlos.

¡Importante! para descargar archivos de audio. Por favor, Siga este enlace. myeverydayrepertoire.com

11.3 Vegetables - *Verduras*

Vegetables are very good for you.	Las verduras son muy buenas para ti.
They say that you should have three servings of vegetables every day.	Dicen que debes comer tres porciones de verduras todos los días.
I like green peas.	Me gustan los guisantes.
Peas come in pods.	Los guisantes vienen en vainas.
I also like snow peas.	También me gustan los guisantes.
You eat the pods on the snow peas.	Te comes las vainas de los guisantes.
I like corn when it is on the cob.	Me gusta el maíz en mazorca.
Carrots are good to eat raw.	Las zanahorias son buenas para comer crudas.
Beans are good for you.	Los frijoles son buenos para ti.
There are many different types of beans.	Hay muchos tipos diferentes de frijoles.
There are string beans, kidney beans, baked beans and lots of other types of beans.	Hay judías verdes, judías rojas, judías horneadas y muchos otros tipos de judías.

¡Importante! para descargar archivos de audio. Por favor, Siga este enlace. myeverydayrepertoire.com

Some people don't like green vegetables like broccoli and Brussels sprouts.	A algunas personas no les gustan las verduras como el brócoli y las coles de Bruselas.
I like broccoli and Brussels sprouts.	Me gusta el brócoli y las coles de Bruselas.
You can make a salad and put lots of different vegetables into the salad.	Puedes hacer una ensalada y poner muchas verduras diferentes en la ensalada.
In my salads, I like lettuce, tomatoes, celery, cucumber, radishes, cauliflower and spring onions.	En mis ensaladas, me gusta la lechuga, los tomates, el apio, el pepino, los rábanos, la coliflor y las cebolletas.
I try to have a salad with dressing on it every day.	Intento comer una ensalada con aderezo todos los días.
My dad likes root vegetables like beets and parsnips.	A mi papá le gustan los tubérculos como la remolacha y las chirivías.
My brother will only eat potatoes.	Mi hermano solo come patatas.
He likes his potatoes baked.	Le gustan las patatas al horno.
My mother likes to buy her vegetables at the market.	A mi madre le gusta comprar verduras en el mercado.
She says they are fresher there.	Ella dice que están más frescos allí.

¡Importante! para descargar archivos de audio. Por favor, Siga este enlace. myeverydayrepertoire.com

My mother buys a lot of onions.	Mi madre compra muchas cebollas.
She puts onions in almost all the meals that she cooks.	Ella pone cebollas en casi todas las comidas que cocina.
Some children won't eat their vegetables.	Algunos niños no comen sus verduras.
I didn't like some vegetables at first, but I have become used to them.	Al principio no me gustaban algunas verduras, pero me he acostumbrado a ellas.
I like having vegetables with my meals.	Me gusta comer verduras con mis comidas.

¡Importante! para descargar archivos de audio. Por favor, Siga este enlace. myeverydayrepertoire.com

11.4 Grocery Shopping
Compras de Comestibles

What do you see when you go to the grocery store?	¿Qué ves cuando vas al supermercado?
The aisles are filled with food.	Los pasillos están llenos de comida.
There are also refrigerators and freezers filled with food.	También hay refrigeradores y congeladores llenos de comida.
There are sometimes things in bins in the middle of the aisles.	A veces hay cosas en contenedores en medio de los pasillos.
There are different departments in the grocery store.	Hay diferentes departamentos en la tienda de comestibles.
There is the bakery.	Ahí está la panadería.
In the bakery, there are sweet things such as cakes, pies, cookies and tarts.	En la panadería, hay cosas dulces como pasteles, tartas, galletas y tartas.
There are also things that you would eat with your dinner like bread and buns.	También hay cosas que comerías con tu cena como pan y bollos.
There are other things in the bakery department like bagels and biscuits.	Hay otras cosas en el departamento de panadería como bagels y galletas.
The baker works in the bakery.	El panadero trabaja en la panadería.
There is the canned goods section.	Está la sección de conservas.
This is where you might find sauces and soups.	Aquí es donde puede encontrar salsas y sopas.
Vegetables and fruits also come in cans.	Las verduras y frutas también vienen en latas.

¡Importante! para descargar archivos de audio. Por favor, Siga este enlace. myeverydayrepertoire.com

There is the section for dairy products.	Existe la sección de productos lácteos.
Here you would find milk and cream.	Aquí encontrarás leche y nata.
The dairy section would also have cheese and butter.	La sección de lácteos también tendría queso y mantequilla.
Yogurt is also found in the dairy section.	El yogur también se encuentra en la sección de lácteos.
In the meat department, there is beef and pork.	En el departamento de carnes, hay carne de res y cerdo.
Poultry is also found in the meat department.	Las aves de corral también se encuentran en el departamento de carnes.
Poultry is chicken, duck and goose.	Las aves de corral son pollo, pato y ganso.
There are also cold cuts in the meat department.	También hay embutidos en el departamento de carnes.
Cold cuts are the meats that are sliced up for sandwiches.	Los embutidos son las carnes que se cortan en rodajas para hacer sándwiches.
Some examples of cold cuts are ham and baloney.	Algunos ejemplos de embutidos son el jamón y la salchicha.
The butcher works in the meat department.	El carnicero trabaja en el departamento de carnes.
The produce department is full of fruits and vegetables.	El departamento de frutas y verduras está lleno de frutas y verduras.
Clerks spray water on the fruit and vegetables to keep them fresh.	Los empleados rocían agua sobre las frutas y verduras para mantenerlas frescas.
There is a section in the grocery store for personal hygiene.	Hay una sección en la tienda de comestibles para higiene personal.

¡Importante! para descargar archivos de audio. Por favor, Siga este enlace. myeverydayrepertoire.com

This is where you would find shampoo and toothpaste. Soap and skin products would also be in this section.	Aquí es donde encontrará champú y pasta de dientes. Los productos para la piel y el jabón también estarían en esta sección.
There is even a section for your pets. You can buy cat food and dog food. Grocery Shopping There are toys for cats and dogs.	Incluso hay una sección para tus mascotas. Puedes comprar comida para gatos y comida para perros. Compras de comestibles Hay juguetes para perros y gatos.

¡Importante! para descargar archivos de audio. Por favor, Siga este enlace. myeverydayrepertoire.com

11.5 The Restaurant - *El restaurante*

When you go to a restaurant you might see a sign that says, **"Please wait to be seated."**	Cuando vaya a un restaurante, es posible que vea un letrero que diga: **"Espere a sentarse"**.
A host or hostess will ask you how many people are in your party?	Un anfitrión o anfitriona le preguntará cuántas personas hay en su grupo.
Then they will want to know if you want to sit in the smoking or non-smoking section.	Entonces querrán saber si desea sentarse en la sección de fumadores o de no fumadores.
The host or hostess will take you to your seat.	El anfitrión o anfitriona lo llevará a su asiento.
You might sit at a table or at a booth.	Puede sentarse en una mesa o en un una cabina.
The host or hostess will give you a menu to look at.	El anfitrión o la anfitriona le dará un menú para que lo vea.
Sometimes, there are different menus for different meals.	A veces, hay diferentes menús para diferentes comidas.
There can be a breakfast menu, a lunch menu and a dinner menu.	Puede haber un menú de desayuno, un menú de almuerzo y un menú de cena.
Sometimes, there is also a wine list and a dessert menu.	A veces, también hay una carta de vinos y un menú de postres.
The food and the prices of the food are listed on the menu.	La comida y los precios de la comida se enumeran en el menú.

¡Importante! para descargar archivos de audio. Por favor, Siga este enlace. myeverydayrepertoire.com

On your table, there will be cutlery.	En tu mesa habrá cubiertos.
supposed to put your napkin Cutlery is the knives, forks and spoons.	Los cubiertos son los cuchillos, tenedores y cucharas.
There will also be a napkin.	También habrá una servilleta.
You are on your lap when you eat.	Se supone que debes ponerte la servilleta en el regazo cuando comes.
Your waiter or waitress will take your order.	Su mesero o mesera tomará su pedido.
You might want an appetizer before your meal.	Es posible que desee un aperitivo antes de la comida.
Some people want a salad or soup before their meal.	Algunas personas quieren una ensalada o sopa antes de comer.
After your meal, you might have a dessert, or tea, or coffee.	Después de la comida, puede tomar un postre, té o café.
When it is time to go, you will pay your bill and leave a tip for the waiter or waitress	Cuando sea el momento de irse, pagará su factura y dejará una propina para el mesero o mesera

¡Importante! para descargar archivos de audio. Por favor, Siga este enlace. myeverydayrepertoire.com

11.6 Food - *Comida*

What kinds of food do you like to eat?	¿Qué tipo de comida te gusta comer?
I am lucky, because in Canada there are many foods to choose from.	Tengo suerte, porque en canada hay muchos alimentos para elegir.
I like to eat hot dogs, hamburgers, and steak.	Me gusta comer salchichas, hamburguesas y bistec.
These are all meat products.	Todos estos son productos cárnicos.
I also like cheese, ice cream and yogurt.	También me gusta el queso, los helados y el yogur.
These are all dairy products.	Todos estos son productos lácteos.
I like vegetables.	Me gustan los vegetales.
My favorite vegetables are broccoli, cabbage, carrots and peas.	Mis verduras favoritas son el brócoli, el repollo, las zanahorias y los guisantes.
I eat a lot of fruit.	**Como mucha fruta.**
I eat whichever fruit is in season.	Como la fruta de temporada.
In strawberry season, I eat a lot of strawberries.	En la temporada de fresas, como muchas fresas.

¡Importante! para descargar archivos de audio. Por favor, Siga este enlace. myeverydayrepertoire.com

In peach season, I eat many peaches.	En la temporada de duraznos, como muchos duraznos.
Sometimes, my mother will make a peach pie.	A veces, mi madre hace un pastel de durazno.
Many different crops grow in Canada.	En españa crecen muchos cultivos diferentes.
We have many orchards and farms.	Tenemos muchos huertos y granjas.
Fresh fruit and vegetables are plentiful in Canada.	Las frutas y verduras frescas abundan en Canada.
Meat and fish are also plentiful here.	La carne y el pescado también abundan aquí.
In Canada, we have a lot of different foods to choose from.	En Canada, tenemos muchos alimentos diferentes para elegir.
In my city, there are a lot of Italian restaurants.	En mi ciudad hay muchos restaurantes italianos.
My favorite food at the Italian restaurant is pizza.	Mi comida favorita en el restaurante italiano es la pizza.
My parents would rather have spaghetti or lasagne.	Mis padres prefieren espaguetis o lasaña.
There are Greek restaurants, Mexican restaurants and Chinese restaurants; in fact, there are restaurants from most cultures.	Hay restaurantes griegos, mexicanos y chinos; de hecho, hay restaurantes de la mayoría de culturas.

¡Importante! para descargar archivos de audio. Por favor, Siga este enlace. myeverydayrepertoire.com

I can go around from restaurant to restaurant and pretend that I am traveling the world and trying all the different foods from around the world. Sometimes I eat things that aren't good for me. **I eat potato chips and candies.** These foods aren't part of a nutritious diet, but they are fun to eat.	Puedo ir de restaurante en restaurante y fingir que estoy viajando por el mundo y probando todas las comidas diferentes de todo el mundo. A veces como cosas que no son buenas para mí. **Como papas fritas y dulces.** Estos alimentos no forman parte de una dieta nutritiva, pero son divertidos de comer.

¡Importante! para descargar archivos de audio. Por favor, Siga este enlace. myeverydayrepertoire.com

12   CAPÍTULO COLOR
Vocabulary Overview Resumen de vocabulario

Purple	Púrpura
Blue	Azul
Green	Verde
Yellow	Amarillo
Daffodil	Narciso
Dandelion	Diente de león
White	blanco
Red	rojo
Flower	Flor
Roses	Rosas
Bush	arbusto
Thorn	Espina
Red	rojo
Pink	Rosa
Yellow Tulip	Tulipán Amarillo
Lilies	Lirios
Blossoms	Flores
Geraniums	Geranios
Petunias	Petunias
Marigold Orchid	Orquídea de caléndula

¡Importante! para descargar archivos de audio. Por favor, Siga este enlace. myeverydayrepertoire.com

Pétalo	Petal
Jardín	Garden
Hosta	Hosta
Crisantemos	Chrysanthemums
Clavel	Carnation
Lirio	Lily
Poinsettia	Poinsettia
Color	Color
rojo blanco	Red White
Azul	Blue
Negro	Black
Verde	Green
Marron	Brown
Naranja	Orange
Rosa	Pink
Púrpura	Purple

¡Importante! para descargar archivos de audio. Por favor, Siga este enlace. myeverydayrepertoire.com

12.1   Favorite Colors
Colores favoritos

My very favorite colour is purple.	Mi color favorito es el morado.
There are not a lot of things that are purple.	No hay muchas cosas que sean moradas.
Some grapes are purple.	Algunas uvas son moradas.
Sometimes the sky looks purple.	A veces el cielo se ve morado.
My second favorite colour is blue.	Mi segundo color favorito es el azul.
Some things are blue.	Algunas cosas son azules.
The sky is blue, and water is blue.	El cielo es azul y el agua es azul.
Many people have blue eyes.	Mucha gente tiene ojos azules.
Green is a very common colour in nature.	El verde es un color muy común en la naturaleza.
Trees are green in the summer.	Los árboles son verdes en verano.
Some trees are green all year long.	Algunos árboles son verdes todo el año.
Grass is green.	El césped es verde.
Sometimes water looks green.	A veces, el agua se ve verde.
Many People have green eyes.	Mucha gente tiene ojos verdes.
Many vegetables are green.	Muchas verduras son verdes.
Broccoli, cabbage, beans, lettuce, peas, and cucumbers are all green.	El brócoli, el repollo, los frijoles, la lechuga, los guisantes y los pepinos son todos verdes.
Green vegetables are very good for you.	Las verduras verdes son muy buenas para ti.
Yellow is a bright colour.	El amarillo es un color brillante.
The sun looks yellow.	El sol se ve amarillo.
Bananas are yellow.	Las bananas son amarillas.
Some people have yellow hair.	Algunas personas tienen el cabello amarillo.
Daffodils and dandelions are yellow.	Los narcisos y los dientes de león son amarillos.

¡Importante! para descargar archivos de audio. Por favor, Siga este enlace. myeverydayrepertoire.com

White is a common colour, especially in the winter.
Snow is white.
Clouds are white.
Polar bears, some dogs and some cats are white.
There are white flowers that grow.
Some flowers are red.
Roses can be red.
Blood is red.
Sometimes the sky is red at night or in the morning.
Artists use all these colours to make beautiful paintings.

Nature used all these colours to make the beautiful earth.

We are fortunate to be surrounded by beauty.
We should do our part to make sure that nature stays beautiful and clean. | El blanco es un color común, especialmente en invierno.
La nieve es blanca.
Las nubes son blancas.
Los osos polares, algunos perros y algunos gatos son blancos.
Hay flores blancas que crecen.

Algunas flores son rojas.
Las rosas pueden ser rojas.
La sangre es roja.
A veces el cielo está rojo por la noche o por la mañana.
Los artistas usan todos estos colores para hacer hermosas pinturas.
La naturaleza usó todos estos colores para hacer la hermosa tierra.
Tenemos la suerte de estar rodeados de belleza.
Debemos hacer nuestra parte para asegurarnos de que la naturaleza se mantenga hermosa y limpia. |

¡Importante! para descargar archivos de audio. Por favor, Siga este enlace. myeverydayrepertoire.com

12.2   Flowers - *Flores*

There are hundreds of different types of flowers.	Hay cientos de diferentes tipos de flores.
Most people like roses.	A la mayoría de la gente le gustan las rosas.
Roses grow on bushes, and they smell beautiful.	Las rosas crecen en los arbustos y huelen muy bien.
You have to be careful that you don't prick your finger on a rose thorn.	Tienes que tener cuidado de no pincharte el dedo con una espina de rosa.
Roses come in many colours.	Las rosas vienen en muchos colores.
There are red, pink, yellow and white roses.	Hay rosas rojas, rosadas, amarillas y blancas.
In the spring, tulips are in bloom.	En primavera, los tulipanes florecen.
In Ottawa, there are many tulips.	En Ottawa, hay muchos tulipanes.
Some people go there just to see all the tulips in the spring.	Algunas personas van allí solo para ver todos los tulipanes en la primavera.
Forget-me-nots are also spring flowers.	Los nomeolvides también son flores de primavera.
They are tiny and blue.	Son diminutos y azules.
Lilies of the valley look like white bells.	Los lirios del valle parecen campanillas blancas.
Many of the trees have blossoms on them in the springtime.	Muchos de los árboles tienen flores en primavera.
The apple and cherry trees look particularly beautiful when they are in blossom.	Los manzanos y los cerezos se ven particularmente hermosos cuando están en flor.
We have a blossom festival in my town.	Tenemos un festival de flores en mi ciudad.

¡Importante! para descargar archivos de audio. Por favor, Siga este enlace. myeverydayrepertoire.com

My neighbors like to plant geraniums, petunias and marigolds in the summer.	A mis vecinos les gusta plantar geranios, petunias y caléndulas en verano.
Some people plant sunflowers.	Algunas personas plantan girasoles.
Sunflowers grow very tall.	Los girasoles crecen muy alto.
Sometimes a girl will get an orchid for her date.	A veces, una niña recibirá una orquídea para su cita.
They have bright yellow petals.	Tienen pétalos de color amarillo brillante.
All of those flowers grow best in the sunshine.	Todas esas flores crecen mejor al sol.
If your garden is shady, you have to plant different things.	Si tu jardín tiene sombra, tienes que plantar diferentes cosas.
Hostas grow well in a shady garden.	Las hostas crecen bien en un jardín sombreado.
Chrysanthemums are fall flowers.	Los crisantemos son flores de otoño.
Chrysanthemums come in many colours also.	Los crisantemos también vienen en muchos colores.
There are purple, yellow and white chrysanthemums.	Hay crisantemos morados, amarillos y blancos.
Flowers are good to give as gifts.	Las flores son buenas para regalar.
Women like to receive a dozen roses on Valentine's Day.	A las mujeres les gusta recibir una docena de rosas el día de San Valentín.
Carnations also make a nice gift.	Los claveles también son un buen regalo.
They have a very sweet smell.	Tienen un olor muy dulce.
Many people give away lilies for Easter.	Mucha gente regala lirios para Pascua.
Poinsettias are very festive at Christmas time.	Las poinsettias son muy festivas en Navidad.
If someone goes to a dance, they often give their partner a flower to wear.	Si alguien va a un baile, a menudo le da a su pareja una flor para que se la ponga.
If you go to a wedding, you will probably see a lot of flowers there.	Si va a una boda, probablemente verá muchas flores allí.
Flowers help to make places beautiful.	Las flores ayudan a embellecer los lugares.

¡Importante! para descargar archivos de audio. Por favor, Siga este enlace. myeverydayrepertoire.com

12.3 Colors - *Colores*

Red is a vibrant color.	El rojo es un color vibrante.
Roses are sometimes red.	Las rosas a veces son rojas.
Blood is red.	La sangre es roja.
White is the color of snow.	El blanco es el color de la nieve.
Clouds are very often white.	Las nubes suelen ser blancas.
Blue is the color of the sky and the ocean.	El azul es el color del cielo y el océano.
Black isn't really a color at all.	El negro no es realmente un color.
Tar is black.	El alquitrán es negro.
A crow is black.	Un cuervo es negro.
Green is the color of grass.	El verde es el color de la hierba.
It is also the color of leaves on the trees in the summer.	También es del color de las hojas de los árboles en verano.
Brown is the color of dirt.	El marrón es el color de la suciedad.
Many people have brown hair.	Mucha gente tiene cabello castaño.
Yellow is a bright color.	El amarillo es un color brillante.
Most people use yellow when they draw a picture of the sun.	La mayoría de las personas usan el amarillo cuando hacen un dibujo del sol.
Orange is an easy color to remember, that is because an orange is orange.	El naranja es un color fácil de recordar, eso se debe a que una naranja es naranja.
Pink is the color that we dress baby girls in.	El rosa es el color con el que vestimos a las niñas.
We dress baby boys in blue.	Vestimos a los bebés varones de azul.
Purple is the color of some violets.	El púrpura es el color de algunas violetas.
The Canadian flag is red and white.	La bandera canadiense es roja y blanca.
What color is your flag?	**¿De qué color es tu bandera?**

¡Importante! para descargar archivos de audio. Por favor, Siga este enlace. myeverydayrepertoire.com

13 CAPÍTULO EVERYDAY – *Todos los dias*

VOCABULARY OVERVIEW Resumen de vocabulario

Body	Cuerpo
Head below	Cabeza abajo
Hair	Cabello
Face	Cara
Eye	Ojo
Eyebrows	Cejas
Eyelashes	Pestañas
Nose	Nariz
Mouth	Boca
Lips	Labios
Teeth	Dientes
Tongue	Lengua
Chin	Barbilla
Ears	Orejas
Cheeks Neck	Mejillas Cuello
Chest	Pecho
Shoulders	Espalda
Arms	Brazos
Wrist	Muñeca
Finger	Dedo
Hand	Mano
Fingernail	Uña
Back	atrás
Waist	Cintura
Hips	Caderas
Legs	Piernas
Thigh	Hermético
Knee	Rodilla
Calves	Pantorrillas
Ankle	Tobillo

¡Importante! para descargar archivos de audio. Por favor, Siga este enlace. myeverydayrepertoire.com

Toes	Dedos de los pies
Feet	Pies
Toenails	Uñas de los pies
Clothing Clothes	Ropa Ropa
Fancy	Lujoso
Dress	Vestir
Stocking	Media
Pair of shoes	Par de zapatos
Sweatshirt	Camisa de
Jeans	Vaqueros
Bathing suit	Traje de baño
Bikini	Bikini
Swimming trunk	Traje de baño
Skirt	Falda
Blouse	Blusa
Under wear Boxer	Bóxer
Jockey shorts	jockey shorts
Socks	Calcetines
Sandals Top	Sandalias Top
Sleeveless	Sin mangas
Short Sweater	Suéter corto
Jacket	Chaqueta
Cap	Gorra
Hat	Sombrero
Belt	Cinturón
Slacks or trousers	Pantalones
Shirt	Camisa
Suit	Traje
Tie	Corbata
Winter coat	Abrigo de invierno
Gloves Mittens	Guantes y mitones
Scarf	Bufanda

¡Importante! para descargar archivos de audio. Por favor, Siga este enlace. myeverydayrepertoire.com

Boot	Bota
Raincoat	Impermeable
Shape Circle	Forma de círculo
Round	Redondo
Compact disc	Disco compacto
Square	Cuadrado
Side	Lado
Rectangle	Rectángulo
Triangle	Triángulo
Oval	Oval
Flat	Plano
Smooth	liso
Bump	Protuberancia
Rough	Áspero
Sandpaper	Papel de lija
Dul	Dul
Sharp	Agudo
Pointed	Puntiagudo
Soft	Suave
Hard	Difícil
Shopping mall	Centro comercial
Lingerie	Lencería
Underwear	Ropa interior
Nightwear	Ropa de dormir
Hardware store	Ferretería
Tools	Herramientas
Equipment Utensils	Utensilios de equipo
Pots	Ollas
Pan	Sartén
Apron	Delantal
Napkin	Servilleta

¡Importante! para descargar archivos de audio. Por favor, Siga este enlace. myeverydayrepertoire.com

Jewellery	Joyería
Furniture	Mueble
Transportation	Transporte
Car	Carro
License	Licencia
To drive	Conducir
Bus	Autobús
Take the School bus	Tomar el bus escolar
Train	Entrenar
Train station	Estación de tren
Boat	Barco
Plane	Avión
Motorcycle	Motocicleta
Helmet	Casco
Bike	Bicicleta
Bicycle	Bicicleta
Scooter	Scooter
Helicopter	Helicóptero
Helicopters propellers	Hélices de helicópteros
A ride	Un paseo
Fly a plane	Volar un avión
Question	Pregunta
Who	Quién
What	Qué
Where	Donde
Why?	porque
Which direction	Cual direccion
Go in	Entra
Go up	Subir
Go down	Bajar
Go left	Ve a la izquierda

¡Importante! para descargar archivos de audio. Por favor, Siga este enlace. myeverydayrepertoire.com

Go right	Ve a la derecha
Right handed	Diestro
Go backwards	Dar marcha atrás
Go away	Irse
Go forward	Avanzar
Go straight ahead	Siga recto
Go sideways	Ir de lado
Emotion	Emoción
Think about	Pensar
Sad	Triste
Have a frown on one's face	Tener el ceño fruncido en la cara
Happy	Contento
To tell a joke	Contar un chiste
Laugh	Risa
Mad	Enojado
Get mad at s.o	Enfadarse con alguien
Anger	la ira
Stay calm	mantener la calma
Lie	Mentira
Tell a lie	Mentir
Honest	Honesto
To punish	Para castigar
It's not fair	No es justo
To be punished	Ser castigado
To be disappointed in	Estar decepcionado de
Tell a truth	Decir una verdad
Truth	Verdad
True	Cierto
Dishonest	Deshonesto
Honesty	Honestidad

¡Importante! para descargar archivos de audio. Por favor, Siga este enlace. myeverydayrepertoire.com

Trust	Confianza
Hurt	Daño
Country	País
To live in	vivir
Territory	Territorio
Province	Provincia
The land	La tierra
To hunt	A cazar
To fish	Para los peces
Do hunting	Cazar
Do fishing	Pesca
City	Ciudad
An exciting place	Un lugar emocionante
Culture	Cultura
Diverse	Diverso
Peaceful	Tranquilo
Cottage	Cabaña
Opposite	Opuesto
The opposite of	Lo contrario a
Black ≠ white	**Negro ≠ blanco**
Up ≠ down	**Arriba ≠ abajo**
Left ≠ right	**Izquierda ≠ derecha**
Young ≠ old	**Joven ≠ viejo**
Wrong ≠ right	**Incorrecto ≠ correcto**
Mother ≠ father	**Madre ≠ padre**
Dirty ≠ clean	**Sucio ≠ limpio**
Big ≠ small	**Grande ≠ pequeño**
Man ≠ woman	**Hombre ≠ mujer**
Boy ≠ girl	**Chico ≠ chica**
Cold ≠ hot	**Frío ≠ caliente**
Tall ≠ short	**Alto ≠ bajo**
Hard ≠ soft	**Duro ≠ suave**

¡Importante! para descargar archivos de audio. Por favor, Siga este enlace. myeverydayrepertoire.com

Deep ≠ shallow	Profundo ≠ poco profundo
Bright ≠ dark	Brillante ≠ oscuro
Light ≠ heavy	Ligero ≠ pesado
Sweet ≠ sour	Dulce ≠ agrio
Fast ≠ slow	Rápido ≠ lento
Day ≠ night	Día ≠ noche
Love ≠ hate	Amor ≠ odio
Hello ≠ good bye	Hola ≠ adios

13.1 MY BODY - *Mi Cuerpo*

On the top of my head, I have hair.	En la parte superior de mi cabeza, tengo pelo.
Below my hair is my face.	Debajo de mi pelo está mi cara.
I have two eyes.	Tengo dos ojos.
I have eyebrows and eyelashes.	Tengo cejas y pestañas.
Below my eyes, I have a nose.	Debajo de mis ojos, tengo una nariz.
My mouth is below my nose.	Mi boca está debajo de mi nariz.
I have lips.	tengo labios
If I open my lips, you will see my teeth and my tongue.	Si abro mis labios, verás mis dientes y mi lengua.
Below my mouth is my chin.	Debajo de mi boca está mi barbilla.
On the sides of my head, I have two ears.	A los lados de mi cabeza, tengo dos orejas.
My cheeks are on either side of my nose.	Mis mejillas están a ambos lados de mi nariz.
My neck holds up my head.	Mi cuello sostiene mi cabeza.
My neck attaches my head to my chest.	Mi cuello une mi cabeza a mi pecho.
My arms hang down from my shoulders.	A cada lado de mi pecho están mis hombros.

¡Importante! para descargar archivos de audio. Por favor, Siga este enlace. myeverydayrepertoire.com

On either side of my chest are my shoulders.	Mis brazos cuelgan de mis hombros.
I have wrists on my arms.	Tengo muñecas en mis brazos.
My hands are attached to my wrists.	Mis manos están unidas a mis muñecas.
My fingers are part of my hands.	Mis dedos son parte de mis manos.
I have ten fingers and ten fingernails.	Tengo diez dedos y diez uñas.
My back is at the back of me.	Mi espalda está detrás de mí.
Further down, there is my waist.	Más abajo, está mi cintura.
If I wear a belt, I put it on my waist.	Si llevo cinturón, me lo pongo en la cintura.
My hips are below my waist.	Mis caderas están debajo de mi cintura.
My legs come down from my hips.	Mis piernas bajan de mis caderas.
My legs are made up of my thighs, my knees and my calves.	Mis piernas están formadas por mis muslos, mis rodillas y mis pantorrillas.
My knees can bend.	Mis rodillas pueden doblarse.
My ankles are below my legs.	Mis tobillos están debajo de mis piernas.
My feet are attached to my ankles.	Mis pies están pegados a mis tobillos.
My toes are part of my feet.	Los dedos de mis pies son parte de mis pies.
I have ten toes and ten toenails.	Tengo diez dedos de los pies y diez uñas de los pies.
I am me from the top of my head to the tip of my toes.	Soy yo desde la coronilla hasta la punta de los dedos de mis pies.

¡Importante! para descargar archivos de audio. Por favor, Siga este enlace. myeverydayrepertoire.com

13.2 Clothing - *Ropa*

I change my clothes a lot.	Me cambio mucho de ropa.
If I am going somewhere fancy, I wear a dress.	Si voy a un lugar elegante, me pongo un vestido.
I wear stockings on my legs, and I wear a pair of nice shoes.	Llevo medias en las piernas y un par de bonitos zapatos.
If I am going to play sports, I wear a sweatshirt and jeans.	Si voy a hacer deporte, llevo sudadera y jeans.
If I am going to the beach, I wear a bathing suit or a bikini.	Si voy a la playa, uso traje de baño o bikini.
My brother wears swimming trunks to the beach.	Mi hermano lleva bañador a la playa.
At work, I wear a skirt and a blouse.	En el trabajo, llevo falda y blusa.
Underneath my clothes, I wear underwear.	Debajo de mi ropa, uso ropa interior.
A lady wears a bra and panties as underwear.	Una dama usa un sostén y bragas como ropa interior.
A man wears boxer or jockey shorts as underwear.	Un hombre usa calzoncillos tipo boxer o jockey como ropa interior.
Today, I am wearing a blouse and a pair of jeans over my underwear.	Hoy llevo una blusa y un par de jeans sobre mi ropa interior.
I have socks and shoes on my feet.	Llevo calcetines y zapatos en los pies.
In the summer, I often wear sandals on my feet.	En el verano, suelo usar sandalias en mis pies.
In the summer, the tops that I wear are usually sleeveless.	En verano, las blusas que llevo suelen ser sin mangas.

¡Importante! para descargar archivos de audio. Por favor, Siga este enlace. myeverydayrepertoire.com

I usually wear shorts in the summer.	Normalmente uso pantalones cortos en verano.
Sometimes, I wear a sweater or a jacket if the weather is cool.	A veces, uso un suéter o una chaqueta si hace frío.
I wear a cap or a hat on my head.	Llevo gorra o sombrero en la cabeza.
I wear a belt to hold up my jeans or my slacks.	Uso un cinturón para sujetar mis jeans o mis pantalones.
Women sometimes wear a dress or a skirt.	Las mujeres a veces usan un vestido o una falda.
Men wear a pair of slacks and a shirt.	Los hombres usan un par de pantalones y una camisa.
Some men wear a suit and a shirt and tie.	Algunos hombres visten de traje, camisa y corbata.
If it is very cold outside, I wear a winter coat.	Si afuera hace mucho frío, uso un abrigo de invierno.
If it is cold, I like to wear gloves or mittens on my hands.	Si hace frío, me gusta usar guantes o manoplas en las manos.
Sometimes, I wrap a scarf around my neck to keep warm.	A veces, me pongo una bufanda alrededor del cuello para mantenerme caliente.
I wear a toque on my head in cold weather.	Me pongo un gorro en la cabeza cuando hace frío.
I wear boots on my feet in the winter.	Llevo botas en los pies en invierno.
If it is raining, I wear a raincoat.	Si llueve, uso impermeable.
The way that I dress depends a lot on the weather.	La forma en que me visto depende mucho del clima.

¡Importante! para descargar archivos de audio. Por favor, Siga este enlace. myeverydayrepertoire.com

13.3 Describing Things
Describiendo cosas

Some things are different shapes.	Algunas cosas tienen formas diferentes.
They can be described by their shape.	Pueden describirse por su forma.
A circle is round.	Un círculo es redondo.
A compact disc is a circle.	Un disco compacto es un círculo.
A square has four equal sides.	Un cuadrado tiene cuatro lados iguales.
A rectangle is similar, but two of the sides are longer.	Un rectángulo es similar, pero dos de los lados son más largos.
A triangle has only three sides.	Un triángulo tiene solo tres lados.
Have you ever seen anyone play a triangle in an orchestra?	¿Alguna vez has visto a alguien tocar un triángulo en una orquesta?
The word "**triangle**" can stand for an instrument or a shape.	La palabra "**triángulo**" puede representar un instrumento o una forma.
An oval is rounded, but it is not round.	Un óvalo es redondeado, pero no redondo.
An egg is an oval shape.	Un huevo tiene forma ovalada.
The floor is flat.	El piso es plano.
If something is smooth, it has no bumps or lumps.	Si algo es liso, no tiene protuberancias ni grumos.
Silk is smooth.	La seda es suave.
Some things are rough.	Algunas cosas son ásperas.
Sandpaper is rough.	El papel de lija es áspero.
If something is dull, it is not sharp or pointed.	Si algo está desafilado, no es afilado ni puntiagudo.

¡Importante! para descargar archivos de audio. Por favor, Siga este enlace. myeverydayrepertoire.com

A dull knife will not cut bread because the blade is not sharp.	Un cuchillo desafilado no corta el pan porque la hoja no está afilada.
If something is pointed, it has a sharp end.	Si algo tiene punta, tiene un extremo afilado.
A sharp pencil has a pointed end.	Un lápiz afilado tiene un extremo puntiagudo.
A pencil that has been used a lot, and hasn't been sharpened has a dull end.	Un lápiz que se ha usado mucho y no se ha afilado tiene un final desafilado.
Some things are soft.	Algunas cosas son suaves.
A teddy bear is soft.	Un osito de peluche es suave.
It feels good to touch.	Se siente bien tocarlo.
Some things are hard.	Algunas cosas son difíciles.
A rock is hard.	Una roca es dura.
Soft can also represent a noise level.	Suave también puede representar un nivel de ruido.
If you have a soft voice, it is not very loud.	Si tiene una voz suave, no es muy fuerte.
If someone tells you to speak softly, they want you to speak quietly.	Si alguien le dice que hable en voz baja, quiere que hable en voz baja.
Loud is the word used to describe noises that hurt your ears.	**Fuerte** es la palabra que se usa para describir los ruidos que lastiman sus oídos.
A big truck will make a loud noise.	Un camión grande hará un ruido fuerte.
Sometimes your mother will tell you that your music is too loud.	A veces tu madre te dirá que tu música está demasiado alta.

¡Importante! para descargar archivos de audio. Por favor, Siga este enlace. myeverydayrepertoire.com

13.4 The Shopping Mall
El Centro Comercial

There are many different stores in the shopping mall.	Hay muchas tiendas diferentes en el centro comercial.
There are ladies' wear stores.	Hay tiendas de ropa de mujer.
They sell dresses, blouses, and many kinds of clothes for women.	Venden vestidos, blusas y muchos tipos de ropa para mujeres.
In the men's wear stores there are suits, ties, shirts and slacks.	En las tiendas de ropa masculina hay trajes, corbatas, camisas y pantalones.
There are also clothing stores that appeal just to teenagers.	También hay tiendas de ropa que atraen solo a los adolescentes.
Some clothing stores only sell children's' clothes.	Algunas tiendas de ropa solo venden ropa para niños.
There is even a store that just sells bathing suits and cover-ups for the beach or pool.	Incluso hay una tienda que solo vende trajes de baño y encubrimientos para la playa o la piscina.
There are lingerie stores that sell ladies' underwear and nightwear.	Hay tiendas de lencería que venden ropa interior femenina y ropa de dormir.
There are hardware stores that sell tools.	Hay ferreterías que venden herramientas.
There are shoe stores.	**Hay zapaterías.**
You buy shoes and boots in a shoe store.	Compras zapatos y botas en una zapatería.
There are bookstores.	Hay librerías.
You can buy a book on almost any topic at the bookstore.	Puedes comprar un libro sobre casi cualquier tema en la librería.

¡Importante! para descargar archivos de audio. Por favor, Siga este enlace. myeverydayrepertoire.com

There are stores that sell compact discs.	Hay tiendas que venden discos compactos.
Those stores also have tapes and videos.	Esas tiendas también tienen cintas y videos.
There are sports stores that sell special shoes and clothes for sports.	Hay tiendas de deportes que venden calzado y ropa especial para deportes.
They also sell sports equipment, and t-shirts and hats with the logo of your favorite teams.	También venden material deportivo, camisetas y gorras con el logo de tus equipos favoritos.
There are gift stores that sell all kinds of things that someone might want for their house.	Hay tiendas de regalos que venden todo tipo de cosas que alguien podría querer para su casa.
There are kitchen stores where you can buy utensils and pots and pans.	Hay tiendas de cocina donde puedes comprar utensilios y ollas y sartenes.
Those kinds of stores also sell aprons and napkins, and anything you might need for your kitchen.	Ese tipo de tiendas también venden delantales y servilletas, y cualquier cosa que pueda necesitar para su cocina.
There is a movie theatre at the mall.	Hay una sala de cine en el centro comercial.
There is a jewelry store that has a lot of gold and silver jewellery.	Hay una joyería que tiene muchas joyas de oro y plata.
There is a hairdresser in the mall.	Hay una peluquería en el centro comercial.
Sometimes, I go in there to get my hair cut.	A veces, entro allí para cortarme el pelo.
There are fast food places in the mall.	Hay lugares de comida rápida en el centro comercial.

¡Importante! para descargar archivos de audio. Por favor, Siga este enlace. myeverydayrepertoire.com

You can get a quick lunch like a hamburger or some french fries.	Puedes conseguir un almuerzo rápido como una hamburguesa o unas patatas fritas.
There are also fancier restaurants in the mall.	También hay restaurantes más elegantes en el centro comercial.
You can sit down for a nice meal.	Puede sentarse a disfrutar de una buena comida.
There is a furniture store in the mall.	Hay una tienda de muebles en el centro comercial.
You could buy a new sofa or bed at the furniture store.	Puedes comprar un sofá o una cama nuevos en la tienda de muebles.
There are bulk food stores.	Hay tiendas de alimentos a granel.
At a bulk food store, all the foods are in bins.	En una tienda de alimentos a granel, todos los alimentos están en contenedores.
You take as much as you want and pay for it at the counter.	Toma todo lo que quiera y lo paga en el mostrador.
There is even a telephone store and an electronics store at the mall.	Incluso hay una tienda de teléfonos y una tienda de electrónica en el centro comercial.
My brother's favorite store is the toy store.	La tienda favorita de mi hermano es la juguetería.
He could spend hours in there.	Podría pasar horas allí.
There are also department stores at the mall.	También hay grandes almacenes en el centro comercial.
Department stores sell all kinds of things.	Los grandes almacenes venden todo tipo de cosas.

¡Importante! para descargar archivos de audio. Por favor, Siga este enlace. myeverydayrepertoire.com

They sell perfume, clothes, shoes, kitchen utensils, or just about anything you might need.	Venden perfumes, ropa, zapatos, utensilios de cocina o casi cualquier cosa que puedas necesitar.
You can get almost anything you want at the shopping mall.	Puedes conseguir casi todo lo que quieras en el centro comercial.

13.5 Transportation - *Transporte*

Every family that I know has at least one car.	Cada familia que conozco tiene al menos un automóvil.
Some families have two, or even three cars.	Algunas familias tienen dos o incluso tres automóviles.
Most people get their license to drive when they are sixteen.	La mayoría de las personas obtienen su licencia para conducir cuando tienen dieciséis años.
In my house, we just have one car.	En mi casa, solo tenemos un auto.
If my father takes the car to work, my mother will take the bus.	Si mi padre lleva el coche al trabajo, mi madre tomará el autobús.
I ride in a school bus to school.	Viajo en un autobús escolar a la escuela.
My sister works in another town.	Mi hermana trabaja en otra ciudad.
She gets on the train to go to work.	Se sube al tren para ir a trabajar.
The train station is not far from my house.	La estación de tren no está lejos de mi casa.
The train tracks run right by my house.	Las vías del tren pasan junto a mi casa.

¡Importante! para descargar archivos de audio. Por favor, Siga este enlace. myeverydayrepertoire.com

My grandfather from Ireland came to visit us.	Mi abuelo de Irlanda vino a visitarnos.
He came over by boat.	Vino en barco.
He had to cross the ocean.	Tuvo que cruzar el océano.
We went to Florida last year.	Fuimos a Florida el año pasado.
We flew on a plane.	Volamos en un avión.
The plane flew right through the clouds.	El avión voló a través de las nubes.
My friend's brother drives a motorcycle.	El hermano de mi amigo conduce una motocicleta.
He wears a helmet.	**Lleva casco.**
I rode on his motorcycle once.	Una vez monté en su motocicleta.
I had to sit on the back and hold on tight.	Tuve que sentarme en la espalda y sujetarme fuerte.
I ride my bicycle when the weather is nice.	Manejo mi bicicleta cuando hace buen tiempo.
I also have a scooter that I use to travel around.	También tengo un scooter que uso para viajar.
I took a helicopter ride once.	Una vez di un paseo en helicóptero.
The helicopter's propellers were going around when I got on.	Las hélices del helicóptero estaban dando vueltas cuando subí.
It went straight up in the air.	Subió directamente al aire.
I enjoyed the ride.	Disfruté el viaje.
I would like to learn how to fly a plane or a helicopter.	Me gustaría aprender a pilotar un avión o un helicóptero.
I like flying through the air.	Me gusta volar por los aires.

¡Importante! para descargar archivos de audio. Por favor, Siga este enlace. myeverydayrepertoire.com

13.6 who, what, when and why

quien, qué, cuando y porqué?

These are important words. They are all words that begin questions.	Estas son palabras importantes. Todas son palabras que comienzan con preguntas.
"Who" is about a person.	**"Quién"** se trata de una persona.
Who is the girl with the blue dress on?	¿Quién es la chica del vestido azul?
Who stole my watch?	¿Quién robó mi reloj?
Who will come with me to the game?	¿Quién vendrá conmigo al juego?
Who is driving us to the party?	¿Quién nos lleva a la fiesta?
"What" is about a thing.	**"Qué"** se trata de una cosa.
What is that big thing on the sidewalk?	¿Qué es esa cosa grande en la acera?
What should I do when I get to your house?	¿Qué debo hacer cuando llegue a tu casa?
What kind of clothes should I wear to the party?	¿Qué tipo de ropa debo usar para la fiesta?
What shall I buy you for your birthday?	¿Qué te compro para tu cumpleaños?
"Where" is about a place.	**"Dónde"** se trata de un lugar.
Where are you going for your vacation?	¿A dónde vas de vacaciones?
Where did I leave my glasses?	¿Dónde dejé mis lentes?
Where did my brother go?	¿A dónde fue mi hermano?
Where on earth is Timmins?	¿Dónde diablos está Timmins?
"Why" is the word that asks for an explanation.	**"Por qué"** es la palabra que pide una explicación.
Why did you take the last piece of pie?	¿Por qué te llevaste el último trozo de tarta?

¡Importante! para descargar archivos de audio. Por favor, Siga este enlace. myeverydayrepertoire.com

Why is the world round?	¿Por qué el mundo es redondo?
Why should I give you any money?	¿Por qué debería darte dinero?
Why did the chicken cross the street?	¿Por qué el pollo cruzó la calle?
They say that you should answer all of these questions if you are writing a story.	Dicen que debe responder a todas estas preguntas si está escribiendo una historia.
You have to give the **who, what, where** and **why** to write a good story.	Tienes que dar **quién, qué, dónde** y **por qué** para escribir una buena historia.

¡Importante! para descargar archivos de audio. Por favor, Siga este enlace. myeverydayrepertoire.com

13.7 Which Direction?
¿Cual dirección?

Which direction should I go in?	¿En qué dirección debo ir?
Should I go up?	¿Debería subir?
If I go up, I will head toward the sky.	Si subo, me dirigiré hacia el cielo.
I can go up the stairs.	Puedo subir las escaleras.
Should I go down?	¿Debería bajar?
I can go down the stairs to the basement.	Puedo bajar las escaleras hasta el sótano.
I can climb down into a hole.	Puedo bajar a un agujero.
Should I go left or right?	¿Debo ir a la izquierda o a la derecha?
I am right-handed, so I know which way right is.	Soy diestro, así que sé cuál es el camino correcto.
Should I go backwards?	¿Debería ir al revés?
I would be going away from the things that I am facing now if I went backwards.	Me alejaría de las cosas a las que me enfrento ahora si fuera al revés.
If I went backwards from the thing that I am facing, I would go away from it.	Si me alejara de la cosa que estoy enfrentando, me alejaría de ella.
If I went backwards from the thing that I am facing, I would go away from it.	Si me alejara de la cosa que estoy enfrentando, me alejaría de ella.
Should I go forward?	¿Debo seguir adelante?
I will just go straight ahead if I go forward.	Seguiré recto si sigo adelante.

¡Importante! para descargar archivos de audio. Por favor, Siga este enlace. myeverydayrepertoire.com

If I am facing something and I go forward, then I will go toward the thing that I am facing.	Si estoy enfrentando algo y avanzo, iré hacia lo que estoy enfrentando.
Maybe I should go sideways, but which side, left or right?	Tal vez debería ir de lado, pero ¿de qué lado, izquierdo o derecho?
It sounds very complicated, but it is not.	Suena muy complicado, pero no lo es.
Directions are very easy to follow if you just stop and think about them.	Las instrucciones son muy fáciles de seguir si se detiene y piensa en ellas.

¡Importante! para descargar archivos de audio. Por favor, Siga este enlace. myeverydayrepertoire.com

13.6 **Emotions** - *Emociones*

Do you ever think about your emotions?	¿Piensas alguna vez en tus emociones?
What kinds of things make you sad?	¿Qué tipo de cosas te ponen triste?
I get sad when I get a bad mark in school, or when someone that I like moves away.	Me entristece cuando obtengo una mala nota en la escuela o cuando alguien que me gusta se muda.
I sometimes see sad movies that make me cry.	A veces veo películas tristes que me hacen llorar.
I don't like to be sad.	No me gusta estar triste.
I don't like to have a frown on my face.	No me gusta tener el ceño fruncido.
I like to be happy.	Me gusta ser feliz
I am happy most of the time.	Soy feliz la mayor parte del tiempo.
Parties make me happy.	Las fiestas me hacen feliz.
Being with my friends makes me happy.	Estar con mis amigos me hace feliz.
Lots of things make me happy.	Muchas cosas me hacen feliz.
If someone tells me a joke, I laugh.	Si alguien me cuenta un chiste, me río.
I enjoy laughing.	**Disfruto reír**
Funny movies make me laugh.	Las películas divertidas me hacen reír.
I think that people look the best when they smile.	Creo que la gente se ve mejor cuando sonríe.
What kinds of things make you mad?	¿Qué tipo de cosas te hacen enojar?
I get mad when my brother breaks one of my toys.	Me enojo cuando mi hermano rompe uno de mis juguetes.

¡Importante! para descargar archivos de audio. Por favor, Siga este enlace. myeverydayrepertoire.com

I try not to show it when I get mad.	Intento no mostrarlo cuando me enfado.
My parents get mad at me if I come home late.	Mis padres se enojan conmigo si llego tarde a casa.
I don't think anger is a good emotion.	No creo que la ira sea una buena emoción.
It is best to stay calm and talk things over.	Es mejor mantener la calma y hablar sobre las cosas.
Emotions come from inside you, but they show on your face.	Las emociones vienen de tu interior, pero se muestran en tu rostro.
People can tell when you are mad, or sad or happy.	La gente puede saber cuándo estás enojado, triste o feliz.
I prefer to look happy.	Prefiero parecer feliz.
Sometimes I even smile when I am feeling sad, and the smile makes me feel a little better.	A veces incluso sonrío cuando me siento triste y la sonrisa me hace sentir un poco mejor.

¡Importante! para descargar archivos de audio. Por favor, Siga este enlace. myeverydayrepertoire.com

13.9 The lie - *La mentira*

Yesterday I told a lie.	Ayer dije una mentira.
I don't feel very good about it.	No me siento muy bien por eso.
I was bouncing a ball in the kitchen, and the ball bounced up and broke a cup.	Estaba haciendo rebotar una pelota en la cocina, y la pelota rebotó y rompió una taza.
It was one of my mother's best cups, so I was afraid that she would be mad.	Era una de las mejores tazas de mi madre, así que temía que se enojara.
I put the broken cup back on the table, and I didn't tell anyone that I had broken it.	Dejé la taza rota sobre la mesa y no le dije a nadie que la había roto.
That night, my mother asked who had broken the cup.	Esa noche, mi madre preguntó quién había roto la taza.
My brother said, **"not me."**	Mi hermano dijo, **"yo no"**.
My sister said, **"I didn't do it."**	Mi hermana dijo: **"Yo no lo hice"**.
I said, **"I didn't break the cup,"** but I was lying.	Dije: **"No rompí la taza"**, pero estaba mintiendo.
My mother said that we would all be punished, if someone didn't tell the truth and say who broke the cup.	Mi madre decía que todos seríamos castigados si alguien no decía la verdad y decía quién rompía la taza.
I still did not tell her that I had broken it.	Todavía no le dije que lo había roto.
She gave us one more chance, and said that she wasn't mad about the cup; she just wanted us to be honest.	Nos dio una oportunidad más y dijo que no estaba enojada con la taza; ella solo quería que fuéramos honestos.
I still didn't say anything.	Seguí sin decir nada.

¡Importante! para descargar archivos de audio. Por favor, Siga este enlace. myeverydayrepertoire.com

My brother, sister and I all got sent to our rooms.	Mi hermano, mi hermana y yo fuimos enviados a nuestras habitaciones.
We had to stay in our rooms all morning.	Tuvimos que quedarnos en nuestras habitaciones toda la mañana.
My brother said that it wasn't fair.	Mi hermano dijo que no era justo.
I felt very bad because my brother and sister were being punished because of me.	Me sentí muy mal porque mi hermano y mi hermana estaban siendo castigados por mi culpa.
I went to my mother and told her that I had broken the cup.	Fui a ver a mi madre y le dije que había roto la taza.
She said that she was not upset about the broken cup.	Dijo que no estaba molesta por la taza rota.
She knew that it was an accident.	Sabía que fue un accidente.
She was disappointed in me because I hadn't come forward and told the truth.	Ella estaba decepcionada de mí porque no me había presentado y había dicho la verdad.
She said that she wouldn't have punished me if I had been honest with her.	Dijo que no me habría castigado si hubiera sido honesto con ella.
I told my brother and sister that I was sorry.	Le dije a mi hermano y hermana que lo sentía.
I felt bad because they were punished because I was dishonest.	Me sentí mal porque fueron castigados por ser deshonesto.
I told my mother that I was sorry that I had lied to her.	Le dije a mi madre que lamentaba haberle mentido.
I told her that I had learned a lesson.	Le dije que había aprendido una lección.
Honesty is the best policy.	La honestidad es la mejor política.
It is better to tell the truth.	Es mejor decir la verdad.

It is not a good feeling when people don't trust you.	No es una buena sensación cuando la gente no confía en ti.
I have learned that lying just hurts people.	He aprendido que mentir solo lastima a la gente.
Sometimes it is hard to be honest, but it is the best way to be.	A veces es difícil ser honesto, pero es la mejor manera de serlo.

13.9 My Country - *Mi pais*

I live in Canada.	Yo vivo en Canadá.
It is a very large country that is made up of ten provinces and three territories.	Es un país muy grande que se compone de diez provincias y territorios.
Most of the provinces and territories are quite unique.	La mayoría de las provincias y territorios son bastante singulares.
For example, in Saskatchewan the land is flat, and it is not surrounded by water.	Por ejemplo, en Saskatchewan la tierra es plana y no está rodeada de agua.
They grow wheat in Saskatchewan.	Cultivan trigo en Saskatchewan.
British Columbia has mountains.	Columbia Británica tiene montañas.
I have never been to British Columbia, but I hear that it is very beautiful.	Nunca he estado en Columbia Británica, pero escuché que es muy hermoso.
Nova Scotia is on the Atlantic Ocean, so there are many fishermen out there.	Nueva Escocia está en el Océano Atlántico, por lo que hay muchos pescadores por ahí.
The people in the provinces are even different from each other.	Las personas de las provincias son incluso diferentes entre sí.

¡Importante! para descargar archivos de audio. Por favor, Siga este enlace. myeverydayrepertoire.com

In Quebec, many of the people speak French.	En Quebec, mucha gente habla francés.
In the Maritime Provinces, the people like to play their own kind of music.	En las provincias marítimas, a la gente le gusta tocar su propio tipo de música.
They play fiddles and accordions, and many of them dance very well.	Tocan violines y acordeones, y muchos de ellos bailan muy bien.
Nunavut is in the north, so life is quite different there.	Nunavut está en el norte, por lo que la vida es bastante diferente allí.
The people who live in the new territory of Nunavut are very close to wildlife.	Las personas que viven en el nuevo territorio de Nunavut están muy cerca de la vida silvestre.
They do a lot of hunting and fishing.	Cazan y pescan mucho.
It can get very cold up in the Arctic where Nunavut is.	Puede hacer mucho frío en el Ártico, donde está Nunavut.
I live in Ontario.	Yo vivo en Ontario.
Even within Ontario life can be **quite** different.	Incluso dentro de Ontario, la vida puede ser **bastante** diferente.
The capital of Ontario is Toronto.	La capital de Ontario es Toronto.
Toronto is a very busy city with lots of apartments, offices and shops.	Toronto es una ciudad muy concurrida con muchos apartamentos, oficinas y tiendas.
Toronto is an exciting place, and it has a lot to offer.	Toronto es un lugar emocionante y tiene mucho que ofrecer.
There are theatres and restaurants to suit every taste.	Hay teatros y restaurantes para todos los gustos.
The culture in Toronto is very diverse.	La cultura en Toronto es muy diversa.

¡Importante! para descargar archivos de audio. Por favor, Siga este enlace. myeverydayrepertoire.com

If you drive a few miles north of Toronto, you will find places that are tranquil and peaceful.	Si conduce unas pocas millas al norte de Toronto, encontrará lugares tranquilos y pacíficos.
Many people leave Toronto on the weekends and drive to their cottages where they find rest and relaxation.	Mucha gente sale de Toronto los fines de semana y se dirige a sus cabañas donde encuentran descanso y relajación.
Canada is made up of many different cultures.	Canadá se compone de muchas culturas diferentes.
People of many different ethnic backgrounds live in harmony in Canada.	Personas de diferentes orígenes étnicos viven en armonía en Canadá.
That is why I like Canada.	Por eso me gusta Canadá.
In Canada we celebrate our differences.	En Canadá celebramos nuestras diferencias.

¡Importante! para descargar archivos de audio. Por favor, Siga este enlace. myeverydayrepertoire.com

13.10 Opposite - *opuesto*

Some things are opposites of each other.	Algunas cosas son opuestas entre sí.
The opposite of **black** is **white**.	Lo opuesto al **negro** es el **blanco**.
The opposite of **happy** is **sad**.	Lo contrario de **feliz** es **triste**.
If I am at the opposite side of the room from you, it means that I am at the other side of the room than you are on.	Si estoy en el lado opuesto de la habitación, significa que estoy en el otro lado de la habitación que tú.
The opposite of **up** is **down** and the opposite of **left** is **right**.	Lo contrario de **arriba** es **abajo** y lo contrario de **izquierda** es **derecha**.
Do you know what the opposite of young would be?	¿Sabes qué sería lo contrario de joven?
Old is the opposite of **young**.	**Viejo** es lo contrario de **joven**.
What is the opposite of dirty?	¿Qué es lo contrario de sucio?
Clean is the opposite of **dirty**.	**Limpio** es lo contrario de **sucio**.
Big is the opposite of **small**.	**Grande** es lo contrario de **pequeño**.
Man is the opposite of **woman**.	El **hombre** es lo opuesto a la **mujer**.
Boy is the opposite of **girl**.	El **chico** es lo opuesto a **la chica**.
Sometimes people think the opposite things than other people.	A veces, la gente piensa lo contrario que otras personas.
Someone might **be wrong** and someone might **be right**.	Alguien puede **estar equivocado** y alguien puede **tener razón**.
The opposite of **mother** is **father**.	Lo opuesto a la madre es el padre.
See if you can think of some opposites.	Vea si puede pensar en algunos opuestos.

¡Importante! para descargar archivos de audio. Por favor, Siga este enlace. myeverydayrepertoire.com

It is **cold** in the winter, and it is **hot** in the summer.	Hace **frío** en invierno y **calor** en verano.
My father is **very tall**, and my brother is **very short**.	Mi padre es **muy alto** y mi hermano es **muy bajo**.
A rock is **hard**, but a pillow is **soft**.	Una piedra es **dura**, pero una almohada es **blanda**.
An ocean is **deep**, but a puddle is **shallow**.	Un océano es **profundo**, pero un charco es **poco profundo**.
I might **tell the truth**, but I might **tell a lie**.	Podría **decir la verdad**, pero podría **mentir**.
All of these things are opposites.	Todas estas cosas son opuestas.
The morning is **bright**, but the night is **dark**.	La mañana es **clara**, pero la noche es **oscura**.
A feather is light, but an elephant is **heavy**.	Una pluma es **liviana**, pero un elefante es **pesado**.
Sugar is **sweet**, but a lemon is **sour**.	El azúcar es **dulce**, pero el limón es **ácido**.
A jet plane is **fast**, but a turtle is **slow**.	Un avión a reacción es **rápido**, pero una tortuga es **lenta**.
I can go out **in the day**, or I can go out **at night**.	Puedo salir de **día** o puedo salir de **noche**.
I might **love** to swim, or I might **hate** to swim.	Puede que **me guste** nadar, o puede que **odie** nadar.
It is interesting to see how many opposites you can think up.	Es interesante ver cuántos opuestos puedes pensar.
I could say **hello**, but I think it's time to say **goodbye**.	Podría **saludar**, pero creo que es hora de **decir adiós**.

¡Importante! para descargar archivos de audio. Por favor, Siga este enlace. myeverydayrepertoire.com

Descargue la aplicación desde Apple App Store o Google Play Store **My thinkific**

Una vez que haya descargado la aplicación, simplemente inicie sesión con sus credenciales existentes.

Cómo iniciar sesión en la aplicación móvil

Cómo conectarse sin compartir enlace o código QR

Si no puede encontrar el enlace, debe comunicarse con su instructor. También pueden confirmar si la aplicación móvil está habilitada en su sitio.

Sin embargo, si ha perdido el enlace o no puede usar el código QR, ¡también puede buscar su escuela directamente en la aplicación! Para hacer esto :

1. Descargue e instale la aplicación móvil Thinkific desde Apple App Store (para iOS) o Google Play Store (para Android)

2. Abra la aplicación en su dispositivo

3. En la barra de búsqueda, inserte Mi Directorio para conectarse

4. Haga clic en entrar

¡Importante! para descargar archivos de audio. Por favor, Siga este enlace. myeverydayrepertoire.com

5. En la lista de resultados, busque la escuela a la que desea conectarse
asegúrese de confirmar que la URL de la escuela a la que se está conectando coincide con la URL de su escuela.

6. Seleccionar escuela

7. La pantalla de inicio de sesión de su sitio se abrirá en un navegador, inicie sesión con sus credenciales o una opción de inicio de sesión de redes sociales que utilizó para crear su cuenta (Facebook, Google, LinkedIn, Apple)

Si utiliza un método de inicio de sesión diferente al que utilizó al crear una cuenta, es posible que no vea sus cursos o comunidades. Por ejemplo, si creó su cuenta usando el correo electrónico, pero inicia sesión usando Apple SSO con su correo electrónico oculto, crea una nueva cuenta en lugar de acceder a su cuenta original.

8. Será redirigido automáticamente a la aplicación si la conexión es exitosa

¡Importante! para descargar archivos de audio. Por favor, Siga este enlace. myeverydayrepertoire.com

My Repertoire

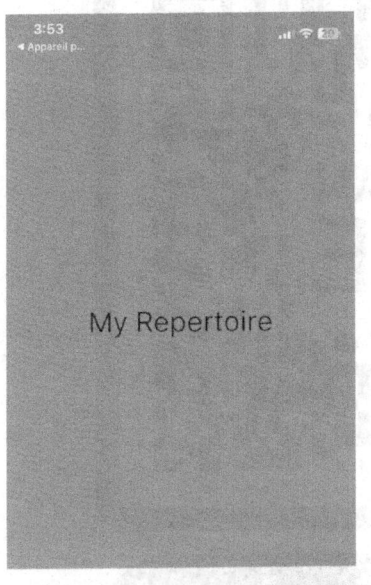

En cliquant sur continuer, vous confirmez avoir lu et accepté les conditions de Thinkific la politique de confidentialité et les conditions d'utilisation de Thinkific.

CONTINUEZ

Ce n'est pas ce que vous cherchez ?
Visiter Thinkific

THINKIFIC
MOBILE APP

Find your academy or organization

🔍 Instructor's school

1 RESULTS FOUND

Instructor's School
https://zw-training.thinkific.com/

¡Importante! para descargar archivos de audio. Por favor, Siga este enlace. myeverydayrepertoire.com

Gracias por comprar este libro.

Si desea el audio de los textos, vaya a **myeverydayrepertoire.com**

Te veré del otro lado.

¡Gracias!
Espero que hayas disfrutado del libro

¡Importante! para descargar archivos de audio. Por favor, Siga este enlace. myeverydayrepertoire.com

Made in the USA
Middletown, DE
21 January 2025